Jerzy Maćków

DIE UKRAINE-KRISE

ist eine Krise Europas

edition.fotoTAPETA____*Flugschrift*
Berlin

Jerzy Maćków

Geboren 1961, Politologe, Professor an der Universität Regensburg, gelegentlich Blogger und Publizist. Studierte in Posen und Hamburg, lehrte auch an der Viadrina in Frankfurt / Oder. Habilitation über *Die Konstruktion politischer Stabilität. Polen und Russland in den Umbrüchen der achtziger und neunziger Jahre.*

INHALT

VORWORT

Die seit Februar 2014 akute Auseinandersetzung zwischen Russland und der Ukraine wird normalerweise in ihrer militärischen und diplomatischen Dimension analysiert. Das Anliegen dieses Buchs ist es dagegen, wesentliche historische Ursachen dieses Konflikts und die Bedingungen, unter denen er gelöst werden könnte, zu erkunden. Wenn man auf das Wesentliche der russisch-ukrainischen Auseinandersetzung, das heißt auf den Zusammenprall historisch gewachsener Identitäten und Kulturen, einen Blick wirft, muss dieser Konflikt als eine vieldimensionale Krise interpretiert werden, die von gesamteuropäischer Tragweite ist und somit von zentraler Bedeutung für die Zukunft der Europäischen Union. Das wird deutlich, wenn man zu verstehen versucht, was die Ukraine ist und warum dieses Land im Jahre 2014 zum Schlachtfeld des Konflikts zwischen zwei Kulturwelten geworden ist, die von jeher Europa prägen.

Parallel zu diesem Buch erscheint ein Online-Album des Autors unter dem Titel *Ukrainische Ambivalenzen: Ein Bildalbum zum besseren Verständnis der Vergangenheit und Gegenwart der Ukraine*. Es enthält etwa 70 vom Autor aufgenommene und kommentierte Fotos überwiegend von historisch bedeutsamen Orten und Bauten, aber auch von der „Orangen Revolution" und dem „Euromajdan".

Außerdem finden sich in dem Album mehrere Karten, die zwar für das Verständnis dieses Buchs nicht unentbehrlich sind, aber dem Lesern doch einen tieferen Einblick in die beschriebenen Zusammenhänge bieten. Darauf beziehen sich die Hinweise auf Karten in dem hier vorliegenden Text. Das Album gibt es als Kindle-Edition.

JM

DIE KRISE

Konflikt, Krieg und Krise

Mitte September 2015 hielt der Autor dieses Buchs im Rheinland für Offiziere und Soldaten der Bundeswehr einen Vortrag über die Ukraine-Krise. Der Saal war gut gefüllt, und auch die anschließende Diskussion ließ darauf schließen, dass die Veranstaltung ihren Zweck erfüllt hat: Interesse vorhanden, Anregungen empfangen, Gedankenaustausch stattgefunden. Bei der anschließenden Diskussion wurde es – nebenbei bemerkt – augenfällig, dass die Offiziere eher auf der Seite der Ukraine, die Soldaten dagegen auf der Russlands standen (nach dem Motto: Hätte sich die EU in der Ukraine mit dem Assoziationsabkommen nicht eingemischt, hätte es keine Probleme gegeben).

Nach der Veranstaltung gab es das obligatorische Bier. An den Gastredner trat ein Oberst heran, der sich bereits zuvor in die Diskussion eingebracht hatte. Er fragte direkt, weil er nun auf die unteren Chargen keine Rücksicht nehmen musste: „Warum geben die Ukrainer den Russen die Krim und diese (Pause) diese anderen Gebiete dort nicht ab, um Ruhe zu bekommen?" Damit brachte er eine Haltung zum Ausdruck, die unter politischen beziehungsweise politisch denkenden Menschen in Deutschland sehr verbreitet ist. Man muss diese Einstellung „zynisch" nennen, obwohl es hier nicht darum geht, den Zynismus als moralisch verwerflich zu verdammen. Auf dem breiten Feld Politik werden mitunter Normen und Werte, zu denen man sich gegebenenfalls lautstark bekennt, unter Bezugnahme auf das „kleinere Übel" beiseite geschoben, besonders wenn dadurch die eigene Sippe nicht tangiert wird. Die Frage des Obersten war aber nicht nur zynisch, sie basierte darüber hinaus auf einer verbreiteten Haltung gegenüber Russland: Der Kreml sei eben ein solch wichtiger Player, dass er sich von Schwächeren, das heißt den Ukrainern, Georgiern, Tschetschenen und wie sie sonst noch alle „im Osten" heißen mögen, nehmen könne, was er wolle. Uns, die Russland früher so viel Leid angetan haben, gefalle das auch nicht, aber so sei es eben. Für Großmächte gelten Völkerrechtsnormen nicht.

Sowohl die Wahrnehmung Russlands als auch der Vorschlag sind in der Sache falsch und politisch defätistisch, was ausgerechnet die gegenwärtige russisch-ukrainische Auseinandersetzung anschaulich zeigt. Um das zu erkennen, muss man allerdings zunächst wissen, in welchem Zustand sich die russisch-ukrainischen Beziehungen seit 2014 befinden: in einem Konflikt, einem Krieg, einer Krise? Obwohl alles zutrifft, ist es ratsam, für die Beschreibung und Analyse der Vorgänge in der Ukraine den Krisenbegriff zu wählen, da er den Konflikt und den Krieg mit einschließt.

Zweifellos handelt es sich um einen Konflikt, das heißt um einen Zusammenprall von Interessen, wobei jede Seite die eigenen Interessen durch das Handeln des Anderen bedroht sieht. Der russisch-ukrainische Konflikt dreht sich allerdings nicht um strittige *Territorien*. Die Ukraine ist vielmehr an der Bewahrung und Festigung der ihr im Jahre 1991 durch den Zerfall der Sowjetunion geschenkten *Souveränität* interessiert. Denn nur als ein von Russland unabhängiges Land kann sie ihre strategischen Ziele verfolgen, sich reformieren und irgendwann der EU beitreten. Im Konflikt mit Russland würde sie wahrscheinlich territoriale Verluste akzeptieren, wäre in den umstrittenen Gebieten ein völkerrechtlich einwandfreies Referendum durchgeführt worden. (Diese Aussage soll freilich nicht dahingehend missverstanden werden, als strebe die Ukraine ein solches Referendum an, um die völkerrechtswidrige Annexion der Krim durch Russland im Frühling 2014 nachträglich zu legalisieren. Eine solche untertänige Haltung ist von den Ukrainern alleine deshalb schon nicht zu erwarten, weil die ethnischen und politischen Kräfteverhältnisse auf der Krim eine eindeutige Vorhersage über den Ausgang einer völkerrechtlich einwandfrei durchgeführten Abstimmung nicht erlauben.) Russland wiederum ist daran interessiert, dass sich die Ukraine seinem politischen und kulturellen Einfluss weder durch Systemreformen noch durch den EU-Beitritt entzieht. Es will dabei jedoch die durch seine Politik demolierten ukrainischen Ostgebiete, in denen es die „Volksrepubliken“ der Separatisten installiert hat, nicht an sein eigenes Staatsterritorium anschließen (was wiederum nicht so verstanden werden soll, als wäre Russland bei großer Anstrengung außerstande, diesen Anschluss durchzuführen).

Zweifellos mutierte dieser Konflikt zum Krieg, sobald die Staaten zu einer mit Waffen ausgetragenen Auseinandersetzung übergingen, wobei zu bemerken ist, dass es sich hier um einen „hybriden" Krieg handelt: Er schließt den tückischen Eingriff mittels Besetzung einiger öffentlicher Gebäude im westlichen Nachbarland durch eingeschleuste Russen, den Einsatz regulärer russischer Truppen, die aber als „Separatisten" verkleidet auftreten, und eine nach innen wie nach außen gerichtete Staatspropaganda ein, die ein komplett falsches Bild des Geschehenen und Stattfindenden vermittelt (in dem letztgenannten Punkt unterscheidet sich die Realität des russisch-ukrainischen Krieges nicht unbedingt von „klassischen" Kriegen).

Zweifellos liegt diesem bewaffneten Konflikt eine Krise zugrunde, die so viele Akteure und Interessen tangiert, dass sie komplex und vieldimensional ist. Eine Krise kann eine Entscheidungskrise sein, das heißt eine akute Gefahrensituation, die Politikern plötzlich, unerwartet und unmittelbar mutige sowie kluge Entscheidungen abverlangt. Es versteht sich von selbst, dass der russische Einmarsch in die Ukraine im Februar 2014 den ukrainischen und westlichen Entscheidungsträgern eine solche Krise bescherte. Mit der Zeit wurde die Entscheidungskrise jedoch zu einem dauerhaft nicht zufrieden stellenden Zustand, der nicht behoben werden kann, weil die dazu nötigen Ressourcen knapp oder gar nicht vorhanden sind. Er wird nicht zuletzt deshalb „Ukraine-Krise" genannt, weil aus Sicht des Kremls nur die Ukraine von ihr betroffen sein sollte. Diese Erwartung hat sich zwar als Fehlkalkulation Russlands erwiesen, das recht schnell selbst zum kriselnden Opfer der eigenen Politik wurde und zusätzlich noch unter dem Ressourcenmangel infolge des rapiden Falls der Ölpreise seit 2014 leidet. Deshalb könnte auch von russisch-ukrainischer Krise gesprochen werden. Ungeachtet dessen sollte man dennoch grundsätzlich von der Ukraine-Krise sprechen, weil Entwicklungen in diesem Land den Anlass der Krise darstellen.

Global, bilateral, europäisch

Die Art der dringend benötigten Ressourcen hängt von den wesentlichen Dimensionen der Krise ab – der bilateralen, der europäischen und der globalen. Die globale Dimension der Ukraine-Krise ist zwar am schwächsten ausgeprägt, sie ist jedoch nicht belanglos. Sie schließt das Engagement der Vereinigten Staaten, der Europäischen Union und der einzelnen EU-Staaten (wie auch in geringerem Maß Kanadas und Australiens) mit ein. Dabei verfügen diese westlichen Akteure grundsätzlich nicht über Soldaten, Waffen und den Willen, für die territoriale Integrität der Ukraine zu kämpfen. Es fehlen ihnen darüber hinaus nicht-militärische Ressourcen, mit denen kurzfristig und wirksam auf Russland Druck ausgeübt werden könnte, damit es sich gegenüber seinem größten westlichen Nachbar nicht länger wie ein Schurkenstaat verhält. Dem Westen bleibt also nur der Entzug der wirtschaftlichen Zusammenarbeit als sein wichtigstes Machtmittel, das heißt Wirtschaftssanktionen gegen Russland. Die Sanktionen werden jedoch erst langfristig ihre Wirkung entfalten. So setzen die USA ihre Glaubwürdigkeit aufs Spiel, indem sie billigend in Kauf nehmen, dass Russland die einst gegebene Garantie für territoriale Integrität der Lächerlichkeit preisgibt Die hatten die Vereinigten Staaten (zusammen mit Großbritannien und … Russland) der Ukraine im Dezember 1994 im Budapester Memorandum im Austausch für den Verzicht auf die vom sowjetischen Nukleararsenal geerbten Atomwaffen erteilt. Es versteht sich von selbst, dass die USA mit ihrer zurückhaltenden Reaktion auf den russischen Angriff auf die Ukraine ihrer globalen Verantwortung für die Nichtverbreitung von Nuklearwaffen nicht gerecht werden: Eine Nuklearmacht, die sich nun zum freiwilligen Verzicht auf Atomwaffen überreden lässt, ist nach 2014 schwer vorstellbar. Immerhin verfügen die EU, die EU-Staaten und die USA doch über wirtschaftliche und militärische Ressourcen, die ausreichen dürften, um auf die Ukraine Reformdruck auszuüben beziehungsweise ihr im Verteidigungskampf zu helfen. Ob sie diese Ressourcen tatsächlich einsetzen, steht allerdings auf einem anderen Blatt.

Die europäische Dimension der Ukraine-Krise ist wesentlich stärker ausgeprägt als die globale, und zwar in dreierlei Hinsicht. Erstens handelt es sich um eine gesamteuropäische Krise, weil sie das eurasische Russland, die westeuropäische EU und die dazwischen liegenden Länder (nicht nur die Ukraine) mit einbezieht. Die Destabilisierung der Ukraine durch Russland, die wahrscheinlich zu kriegerischen beziehungsweisen bürgerkriegsähnlichen Auseinandersetzungen führt, würde die EU vor Probleme stellen. Es ist sehr zweifelhaft, ob die Union die dann notwendigen militärischen und wirtschaftlichen Ressourcen sowie das entsprechende Know-how mobilisieren könnte, zumal sie sich heute oft von der weitaus leichteren Aufgabe überfordert zeigt, nämlich dem zwar schwachen, aber dennoch nicht zerfallenden ukrainischen Staat unter die Arme zu greifen. Zweitens offenbart diese Krise – nicht zum ersten und nicht zum letzten Mal – die strukturelle Schwäche der Europäischen Union, die auf Entscheidungskrisen nicht angemessen reagieren kann, weil ihr die politische Souveränität und deren institutionellen Attribute (Regierungschef, Außenministerium, Verteidigungsetat und Armee) fehlen. Ausgerechnet über diese staatlichen Ressourcen verfügt Russland, weshalb es trotz seiner wirtschaftlichen Schwäche in der Ukraine-Krise zuweilen sehr entschlossen agiert, während die wirtschaftlich um das Mehrfache stärkere EU ausschließlich reagieren kann. Drittens tangiert diese Krise die Glaubwürdigkeit und Identität der Europäischen Union. Schon ihre nachlässige Reaktion auf die russländische Inkorporation der georgischen Territorien Abchasien und Südossetien im Jahre 2008 muss den Kreml zum völkerrechtswidrigen Agieren in der Ukraine ermutigt haben. In der Ukraine-Krise steht deshalb die bereits angeschlagene Glaubwürdigkeit der politischen Wertegemeinschaft EU auf dem Spiel. Dem mag man entgegnen, dass Geisteskraft und Prinzipientreue in der Welt von heute nicht nur in der Europäischen Union Mangelware sind, doch wenn diese Argumentation weiterhin Schule macht, dann schließt sich der politische Akteur EU aus dem internationalen System selbst aus.

Die wichtigste Dimension der Ukraine-Krise ist jedoch selbstverständlich die bilaterale. Beide Hauptakteure verfügen im Gegensatz zur EU sowohl über Soldaten und Waffen als auch über die Zustimmung der eigenen Bevölkerung für den Kampf zur Verteidigung des jeweiligen Vaterlandes gegen den Angriff eines tückischen Feindes (erstaunlich, aber wahr: auch in Russland wird mit dieser Erzählung die politische Führung legitimiert.) Anders als die EU sind beide Akteure wirtschaftlich sehr schwach aufgestellt, weshalb sich die Krise auf ihre Ökonomien verheerend auswirkt. Vor diesem Hintergrund erscheint der oben zitierte Vorschlag, die Ukraine solle sich für territoriale Zugeständnisse die ersehnte Ruhe erkaufen, gar nicht mehr so bodenlos zynisch.

Der Vorschlag wäre dann politisch „gut", wenn der Konflikt, der Krieg und die Krise tatsächlich einem Streit um Territorien entspringen würden. Jedoch wurden sie vom Kreml nicht entfacht, um neue Gebiete zu erobern, sondern um sein autoritäres System und Imperium zu schützen. Da die russische Bevölkerung trotz allem davon überzeugt ist beziehungsweise daran glauben will, dass die Ukraine Russland und die Ukrainer den Russen gehören, ist die russische Identität bedroht, wenn sich das territorial zweitgrößte Land Europas in einem Reformprozess EU-tauglich macht. Die dauernde Abwehr der militärischen, ökonomischen, terroristischen und propagandistischen Angriffe Russlands durch die Ukraine unterminiert konsequent diese Identität, indem sie deren Wahrhaftigkeit auch mit Waffen in Frage stellt. Ebenso entschlossen stärkt sie das ukrainische Nationalgefühl. Aufgrund dieser Tatsachen ist in der Auseinandersetzung beider schwachen Staaten die Ukraine mitnichten chancenlos. Sofern der ukrainische Nationalstaat in dem erschütternden Konflikt nicht auseinander bricht, wird er gefestigt aus der Krise hervorgehen, zumal er nur mit Reformen vor dem Zerfall gerettet werden kann. Russland wird in eine tiefe Identitätskrise stürzen. Wer würde dann darauf setzen, dass völkerrechtlich verbindliche Volksabstimmungen im Osten und Süden der Ukraine zugunsten Russlands ausfielen?

In der Ukraine-Krise können zwar Waffen zur Ruhe gebracht werden, was einen *frozen conflict* herbeiführen und den Kriegsparteien Erholung bringen würde. Angesicht der Schwäche der Kontrahenten könnte dieses Szenario schneller als erwartet Wirklichkeit werden. Die Ukraine-Krise wird jedoch erst dann wirklich gelöst sein, wenn die Russen den ukrainischen Nationalstaat und die Existenz der selbstständigen ukrainischen Nation akzeptiert haben. Erst dieser Identitätswandel wird Russlands Wunsch nach dem dauerhaften Verbleib der ganzen Ukraine in seiner politischen und kulturellen Einflusszone verschwinden lassen.

Europäische Dauerkrise

Die Ukraine-Krise ist von Dauer, und als solche wird sie den politisch engagierten Europäern noch viele schlaflose Nächte bereiten. Zu hoffen, dass sie in absehbarer Zeit militärisch oder am Verhandlungstisch gelöst werden könnte, ist naiv. Mittlerweile müssten das selbst diejenigen in der EU eingesehen haben, die nach der russischen Besetzung der Krim im Februar 2014 alles daransetzten, sich mit dem Kreml auf Kosten der Ukraine zu arrangieren, um zum *business as usual* zurückkehren zu können.

Nach dem Zusammenbruch des Kommunismus hofften alle Völker Europas auf eine friedliche, vom ökonomischen und kulturellen Austausch bestimmte Zukunft in Wohlstand. Diese Hoffnung war so stark, dass die meisten EU-Bürger sogar die mörderischen Jugoslawien-Kriege der neunziger Jahre erst dann so richtig wahrnahmen, als der von der EU erbetene amerikanische Militäreinsatz zur Kriegsbeendigung erfolgte – der dann von ihnen jedoch kritisiert wurde.

Im Anschluss daran ist es der EU trotzdem gelungen, die Stabilisierung der Nachfolgestaaten des kommunistischen Jugoslawiens zu bewerkstelligen. Dabei wurde eine Strategie angewendet, die sich auch in Mittel- und Nordosteuropa (wie im Mittelmeerraum) als erfolgreich erwiesen hat: Für den Beitritt zur Europäischen Union mussten sich die Anwärter auf die Mitgliedschaft gemäß den so genannten Kopenhagener Kriterien von 1993 demokratisch und marktwirtschaftlich reformieren sowie das gemeinschaftliche Rechtswerk der EU übernehmen.

Auf diesem Weg nahm die EU seit 2004 dreizehn Länder auf, womit sie besonders im Osten des Kontinents zur Entstehung eines neuen großen Raums von Frieden, *prosperity* und Demokratie beitrug.

Auch in der Auseinandersetzung um die Ukraine muss die Europäische Union weitestgehend alleine einen entscheidenden Beitrag zur Krisenlösung leisten. Trotz Sanktionen gegen den russischen Aggressor und Verhandlungen mit den Kriegsparteien ist sie davon noch sehr weit entfernt. Damit die EU bei der Bewältigung der Ukraine-Krise Schritt für Schritt einen wesentlichen Beitrag leisten kann, müssen die Westeuropäer deren vielfältigen Zusammenhänge verstehen. Obwohl die EU mit ihrer im Jahre 2004 vollbrachten Osterweiterung in den mittel- und osteuropäischen Raum vorangekommen ist, haben die westeuropäischen Eliten kaum Anstrengungen unternommen, um sich mit den historischen, kulturellen und ethnischen Besonderheiten dieses Raumes bekanntzumachen. Noch schlechter ist um das Wissen darüber in der Bevölkerung der EU-Länder bestellt. Insbesondere hat man offensichtlich noch immer nicht verstanden, dass die Ukraine-Krise nicht mit dem vom Kreml geführten und von der russischen Bevölkerung unterstützen „hybriden" Krieg gegen die Ukraine gleichzusetzen ist, obwohl die Besetzung der Krim und die darauf folgende russische Militärinvasion im Donbass – den östlichen Bezirken der Ukraine (Donetsk und Luhansk) – ihre spektakulärste Dimension darstellen. Der andauernde hybride Krieg Russlands gegen die Ukraine soll vielmehr den Nachbar dauerhaft schwächen, zermürben und so zum Verbleib in der russischen Einflusszone bewegen.

Die EU ist nicht den vermeintlichen Gesetzen der „Geopolitik" verpflichtet, die Einflusszonen der Großmächte festzulegen helfen, sondern dem Selbstbestimmungsrecht der Völker. Paradoxerweise lässt sich das gleiche nicht uneingeschränkt von den EU-Staaten sagen, für die letztlich das Prinzip des nationalen Egoismus bestimmend ist. Weder sie noch ihre Union konnten jedoch das ukrainische Volk davon abhalten, gegen das verrottete Regime des Präsidenten Wiktor Janukowytsch und für ein Assoziierungsabkommen mit der Europäischen Union zu demonstrieren, wie es im Winter 2013/2014 in Kiew und anderen Orten des Landes geschah. Russland folgt also in dem Konflikt, den es entzündet hat, der imperialen Logik und dem Recht des Stärkeren, während sich die Europäische Union auf die Prinzipien des Völkerrechts beruft. Auf dem ukrainischen Boden sind diese beiden Sichtweisen, die seit Jahrhunderten entsprechend den Osten und den Westen des Alten Kontinents prägen, aufeinander gestoßen. Findet die Ukraine-Krise irgendwann ihre Lösung, wird Europa politisch und kulturell ein anderer Kontinent sein.

Russische Welt der Kiewer Rus'

Warum mutierte die Europäische Union, gegen deren Osterweiterung Russland jahrelang nichts einzuwenden hatte, in den Augen des russischen Staatspräsidenten Wladimir Putin scheinbar plötzlich zum Gegner, der etwas wegnehmen könnte, was Russland gehört? Die Antwort auf diese Frage kann nur dann gefunden werden, wenn man die Ukraine-Krise als Dauerkonflikt der europäischen Kultur- und Politikwelten versteht – zwar im Jahre 2014 akut geworden, aber dennoch historisch gewachsen. Die Parteien dieses Konflikts sind der europäische Westen (teilweise die westliche Welt schlechthin) und die in Russland sogenannte *russkij mir* („russische Welt"). Heute prallen auf dem ukrainischen Boden gegensätzliche, unvereinbare politische und kulturelle Normen sowie Vorstellungen mit besonderer Wucht aufeinander. Es ist sehr wichtig, zu betonen, dass es auch eine andere *russkij mir* gibt: eine der Literatur, Kunst, Musik und der sonstigen „hohen" Kultur. Sie ist die Schöpfung der russischen *Intelligencija* und oft großartig. Aber nicht sie steht dem ukrainischen Wunsch nach besserem Staat und besserer Gesellschaft im Wege, weshalb sie kein Gegenstand der vorliegenden Abhandlung sein kann.

Im heutigen Europa können jedoch nicht nur zwei, sondern zumindest drei solcher kulturell-politischen Welten identifiziert werden: Das westliche Europa der Europäischen Union, das Europa Russlands und das mittlerweile sogenannte Europa *in between*, das Europa dazwischen. Die Ukraine-Krise tangiert sie alle, wenngleich die von ihr direkt bedrohten EU-Mitglieder (Estland, Lettland, Litauen und Polen) sowie die postsowjetischen Staaten *in between* (wie Belarus, Moldowa oder Georgien) an ihr ungleich mehr Interesse zeigen als die anderen.

Diese Dreiteilung Europas ist zwar alt, aber sie war nicht immer so deutlich erkennbar wie heute. Insbesondere konnte der europäische Osten nicht immer als Gegensatz des europäischen

Westens betrachtet werden. Ein Blick in die Geschichte schärft das Verständnis für die gegenwärtige Krise.

Im frühen Mittelalter, wahrscheinlich im Jahre 862, besetzte eine als „Russen“ bezeichnete Truppe aus (dem heutigen) Schweden kommender, vom legendären Rjurik angeführter Normannen die ostslawische, am Fluss Wolchow unweit des großen Ladogasees liegende Stadt Nowgorod. Eine andere Gruppe dieser normannischen Russen (oder „Waräger“, wie die Normannen damals in der slawischen Welt genannt wurden) nahm die ungefähr 1000 km südlich von Nowgorod am Dnjepr liegende Stadt Kiew ein. *(Karte 1)*

Rjurik soll der erste Herrscher einer losen Staatsstruktur gewesen sein, die wegen ihres Zentrums als die „Kiewer Rus“ in die Geschichte eingegangen ist. Die politische und soziale Beschaffenheit der zahlreichen Fürstentümer, die diese Rus’ bildeten, unterschied sich nicht stark von der Westeuropas. Den größten Unterschied stellte der Umstand dar, dass sich der Kiewer Fürst Wladimir nicht für das „lateinisch-römische“, sondern für das „griechische“, gemeinhin „orthodox“ genannte Christentum entschied, das er aus Konstantinopel „importierte“. Historiker sind sich darüber einig, dass sich Wladimir und seine Gefolgschaft im Jahre 988 in Kiew taufen ließen. Der Legende nach geschah das aber in Chersones (nahe Sewastopol) auf der Halbinsel Krim.

Gefestigt wurde die Legende unter anderem durch die Einweihung der Wladimir-Kathedrale in Chersones auf der Krim im Jahre 1888, also kurz vor dem Untergang des Zaristischen Reiches. In der Ära der kommunistischen Barbarei zweckentfremdet und verfallen, wurde die Ruine erst im ukrainischen Staat originalgetreu wiederaufgebaut (1996 – 2006). Die erste Messe nach der Schließung des Gotteshauses durch die Bolschewiki im Jahr 1924 wurde in der Kathedrale erst 2002 in Anwesenheit des damaligen ukrainischen Staatspräsidenten, Wladimir Kutschma, der den Wiederaufbau tatkräftig unterstützt hatte, gehalten. Bereits die hier knapp angerissene Geschichte dieses einzigen Gebäudes deutet die Relevanz der historischen Zusammenhänge wie auch den materiell-räuberischen Aspekt der russischen Aggression gegen die Ukraine an.

Bei der Frage nach dem Ursprung des Christentums in der Rus' klaffen bis heute die in Russland politisch gepflegte Legende und die historische Wahrheit weit auseinander. Putin behauptete bei seiner Rede an die Nation Anfang Dezember 2014 tatsächlich, seinem Volk sei die Krim „so heilig wie der Tempelberg denjenigen, die sich zum Judentum oder zum Islam bekennen". Auf der anderen Seite erstaunt es, wenn aus der Ukraine mitunter zu hören ist, dass Fürst Wladimir in Wahrheit „Wolodymyr" hieße und kein Russe, sondern ein Ukrainer war. Beide Standpunkte sind, milde ausgedrückt, ebenso zweifelhaft wie etwa der in Deutschland populäre Mythos, die Schlacht im Teutoburger Wald im Jahre 9 n. Chr., in der die Germanen die Römer besiegten, habe etwas mit der Gründung der deutschen Nation zu tun.

Keinen Zweifel gibt es jedoch daran, dass sich die Waräger in ihrem slawischen Umfeld schnell assimilierten und dass das Reich der Rjurikiden, das mit dem Dnjepr und anderen Flüssen über eine Wasserstraße verfügte, die – wie man es damals zu sagen pflegte – die „Waräger mit den Griechen verband", wirtschaftlich schnell erblühte. Neben ihrem Reichtum, der auf dem Handel zwischen dem europäischen Norden und dem Mittelmeer basierte, fiel die Rus' durch die Lese- und Schreibfähigkeiten ihrer Bewohner auf, die dort selbst in den unteren Gesellschaftsschichten verbreitet war – im Vergleich mit den mittel- und westeuropäischen Völkern in dieser Zeit (Juden selbstverständlich ausgenommen) war das einmalig.

Mongolen und Moskau

Der beeindruckenden Entwicklung der Rus' wurde in der ersten Hälfte des 12. Jahrhunderts ein jähes Ende gesetzt, als sie durch die „Goldene Horde" genannte mongolische Monarchie erobert wurde. Damit begann eine ungefähr zwei Jahrhunderte lang währende Periode des „Tatarenjochs" (Mongolen wurden in Europa fälschlicherweise den Tataren gleichgesetzt), das jedoch nicht alle Gebiete der Rus' in gleichem Maß und auf gleiche Weise erfasste und prägte. Die nordöstlichen Fürstentümer Nowgorod und Pleskau (Pskow) waren nur indirekt betroffen –

sie waren nur verpflichtet, an die durch den Chan regierte Goldene Horde (Chanat), deren Hauptstadt in Sarai an der Wolga lag, Abgaben zu liefern – und konnten ihre regen Kontakte mit der westlichen Welt weiterhin pflegen. Auch die im Südwesten gelegene sogenannte Rote Rus' unterbrach ihre Kontakte mit dem Okzident nicht. Im 14. Jahrhundert wurde sie Polen angegliedert, dessen König Kasimir der Große die Stadt Lwów (Deutsch: Lemberg, Ukrainisch: Lwiw) neu gründete. Im gleichen Jahrhundert nutzte das damals noch heidnische Litauen die zunehmende innere Schwäche des asiatischen Eroberers aus und nahm große russische Territorien ein, wobei es – wie übrigens zuvor schon die Mongolen – das orthodoxe Christentum respektierte. Zudem behielten die lokalen russischen Fürsten unter der litauischen Herrschaft ihre Autonomie bei. Beides führte dazu, dass das durch die Eroberung der Rus'-Gebiete zum Riesenreich aufgestiegene Litauen ethnisch mehr und mehr einen russischen Charakter erhielt.

Die Herrschaft der Goldenen Horde hat die Politik und Gesellschaft der Rus'-Länder insofern grundlegend verändert, als die russischen Fürsten vom Chanat die Aufgabe erhielten, für ihre neuen Herren Steuern einzutreiben und gelegentlich Kämpfer aufzustellen. Zugleich wetteiferten sie um die Gunst des Groß-Chans, der von Karakorum in der Mongolei aus sein Riesenreich verwaltete. Dazu gehörte auch die Entscheidung darüber, wer Herrscher über Wladimir-Susdal und somit der wichtigste russische Fürst würde. In rücksichtslosen Machtkämpfen warben die versklavten russischen Gebieter um die Gunst des Chans. Im Jahre 1147 soll die Stadt Moskau gegründet worden sein. Zwei Jahrhunderte später behauptete sich das Sakralfürstentum Moskau gegenüber den anderen russischen Fürstentümern: Der Großfürst Moskaus wurde vom Groß-Chan zum Oberhaupt von Rus' bestimmt.

Zu den Blütezeiten der freien Kiewer Rus' noch bedeutungslos, ist also das Moskauer Fürstentum erst unter dem „Tatarenjoch" zum stärksten Fürstentum in der Rus' aufgestiegen. Seit Jahrhunderten wird deshalb in Russland darüber diskutiert, ob der politische und kulturelle Einfluss der Mongolenherrschaft nicht die verhängnisvolle Trennung der nordostrussischen Gebiete von Europa und deren Zuwendung zu Asien bewirkt habe, durch die die spätere russländische Geschichte geprägt wurde.

Im Jahre 1480 schüttelte das Fürstentum Moskau die Mongolenherrschaft endgültig ab. Unter Iwan IV. (dem Schrecklichen) vernichtete es darüber hinaus die konkurrierenden freiheitlichen Republiken Nowgorod und Pskow, die in den vergangenen Zeiten der Kiewer Rus' noch so bedeutsam gewesen waren. Moskau erhob den Anspruch auf die Wiedervereinigung aller russischen Länder. Dieser religiös untermauerte Expansionsanspruch wurde zu einem gleichsam das Verhältnis zur Außenwelt bestimmenden Pfeiler der *russkij mir*, aus dem heraus sich im Petersburger Reich (1721–1917) der russische Imperialismus entwickelte. Der andere, der innenpolitische Pfeiler der „russischen Welt" war die Despotie, worunter die Autokratie zu verstehen ist, die jedwede Einschränkung der Herrschaftsausübung ablehnt. Es gab in der russischen Geschichte nur selten Zeiten – am Anfang des 17. Jahrhunderts, nach den napoleonischen Kriegen, nach der Revolution des Jahres 1905 und nach dem Zerfall der Sowjetunion – und insgesamt nur einige wenige Jahre, in denen berechtigt erscheinende Hoffnungen aufkamen, dass dieses im mittelalterlichen Moskau eingepflanzte rechtsnihilistische Prinzip durch den Konstitutionalismus, das heißt durch die Herrschaft, die durch das Gesetz eingeschränkt ist, hätte ersetzt werden können. Diese Hoffnungen sind immer sehr schnell verflogen.

„Russisch" versus „russländisch"

Gegen Ende des „Tatarenjochs" traf Moskau bei seinen Expansionsversuchen gen Westen auf den Widerstand der Litauer. Durch den räuberischen Deutschen Ritterorden zusätzlich in die Enge getrieben, gingen die Litauer im Jahre 1385 in Krewo (einer heute im westlichen Belarus liegenden Stadt) eine Union mit dem katholischen Polen ein. Die besonders in der Roten Rus' bereits fortgeschrittene Okzidentalisierung erfasste damit riesige russische Territorien und säte jene kulturelle Unbestimmtheit beziehungsweise Ambivalenz, die aus den litauischen Gebieten der Rus' die *in between*-Länder machte. Ihr „Übergangscharakter“ mag negativ interpretiert werden: „weder dem ‚lateinischen‘ noch dem russischen Europa zugehörig“. Positiv formuliert könnte man aber auch sagen: „sowohl dem Westen als auch dem Osten Europas angehörig“. Wie auch immer man das bewerten mag, es ist unzulässig, über die kulturelle und politische Ambivalenz hinwegzusehen und die betroffene Region bedenkenlos als einen Teil beziehungsweise eine „natürliche“ Einflusszone Russlands zu betrachten. Nicht jeder falsche Gedanke kann allerdings aus der Wirklichkeit verbannt werden. In Deutschland ist es jedenfalls seit dem 19. Jahrhundert unverändert gang und gäbe, alles „im Osten“ Europas Liegende als „russisch“ (das heißt hierzulande: „zu Russland gehörend“) zu betrachten und zugleich wider jegliche Realität Russland als „den östlichen Nachbarn Deutschlands“ zu betrachten. Das wäre vielleicht nur halb so schlimm, wenn man gleichzeitig dazu fähig wäre, das Russische in all seinen Nuancen und seiner Vielfalt zu betrachten.

Die deutsche Sprache, die auf diesem Feld klüger ist als die meisten Deutschen, kann hier Abhilfe schaffen. Sie lässt nämlich die in Deutschland so gut wie niemals vorgenommene, aber dem Verständnis der russischen Komplexität zuträgliche Unterscheidung zwischen *Russen* und *Russländern* zu. Während mit Russländern ausschließlich die Bewohner Russlands (eines erst seit dem 17. Jahrhundert so genannten Landes) bezeichnet werden, fallen unter die „Russen“ sowohl die Russländer als auch die Ukrainer sowie die Belarussen. Es hat übrigens in Deutschland und überhaupt im Westen Europas eine lange Tradition, die Ukrainer (und die Belarussen, das heißt die Weißrussen) als „Ruthenen“ (die Belarussen entsprechend als „Weißruthenen“) zu bezeichnen, um ihre im Vergleich zu den Russländern besonderen Eigenschaften zu würdigen. Auf deutschen Karten aus dem 18. Jahrhundert kann man darüber hinaus den Begriff „Reußen“ für unter polnischer Herrschaft stehende ruthenische Gebiete finden.

Selbstverständlich bedeuten diese sprachlichen Differenzierungen nicht, dass die in Deutschland übliche Verwendung des Adjektivs „russisch“ beziehungsweise des Subjekts „Russen“ im Sinne von „russländisch“/„Russländer“ automatisch falsch ist. Es kommt immer auf den inhaltlichen Kontext an, der freilich nicht selten eine sprachliche Differenzierung notwendig macht. Wer aber den Unterschied zwischen „russisch" und „russländisch" gar nicht kennt, ist dazu außer Stande und deshalb der eigenartigen Logik, die von der oft wilden Vermischung des Russischen mit dem Russländischen lebt, hilflos ausgeliefert. Es ist die Logik der *russkij mir*, die eigentlich *rossijskij mir* (russländische Welt) heißen sollte. Nebenbei bemerkt: Alleine schon die offizielle, vom Auswärtigen Amt vorgenommene Übersetzung des Staatsnamens „Belarus'" mit „Weißrussland", die in deutschen Atlanten und anderen Publikationen ebenso brav wie bedenkenlos übernommenen wird, lässt erahnen, welch gravierende Folgen das Unwissen über den besagten Unterschied hat: Im Bewusstsein der meisten Deutschen existiert Belarus als eigenständiges, historisch gewachsenes Subjekt kaum.

Auch Russland und die russische Sprache kennen Wörter, deren bedachter Gebrauch hilft, die russischen Völker voneinander zu unterschieden. Die Ukrainer werden dort oft und allzu gern „Kleinrussen" *(Malorussy)* genannt, um sie von den „Großrussen" *(Welikorussy)*, das heißt den im Nordosten der russischen Länder lebenden Russen (heute sind das eben Russländer), und den Belarussen *(Belarussy)* zu unterscheiden. Im sprachlichen Alltag wird die Unterscheidung zwischen *rossijskij* (russländisch) und *russkij* (russisch) allerdings oft verwischt, weshalb der Anspruch der Russländer, alle Russen zu vertreten, plausibel klingt.

Polnisch-ruthenische Zusammenhänge

Dass die osteuropäische Völkerwelt nach dem Ende des „Tatarenjochs“ ethnisch, kulturell, religiös und politisch sehr komplex geworden ist, hat viel mit der polnisch-litauischen Föderation zu tun, die im 14. Jahrhundert entstand und vier Jahrhunderte währte. Nach der Unterzeichnung der Union von Krewo trat der heidnische litauische Großfürst zum Katholizismus über und wurde anschließend zum polnischen König gewählt. Mit dem Übergang zum Katholizismus konnte das an der Ostsee liegende, kleine ethnische Litauen relativ schnell der westeuropäischen Welt „zugeführt“ werden. Anders verhielt es sich jedoch mit dem riesigen, christlich-orthodoxen „russischen Litauen“, das sich südlich von der litauischen Hauptstadt Wilna bis hin zum Schwarzen Meer erstreckte. *(Karte 2)*

Seine Oberschicht, die sich sowohl aus den großen und reichen, teils mit Rjurikiden verwandten Adelsfamilien – Bojaren – zusammensetzte, gewöhnte sich freiwillig und schnell an die polnischen politischen und kulturellen Bräuche und Sitten. Den Grund dafür stellte die Attraktivität der polnischen *szlachta* dar. Diese im europäischen Vergleich außergewöhnlich breite Adelsschicht genoss zahlreiche Vorrechte und Freiheiten und beteiligte sich in vielfältigen parlamentarischen, gerichtlichen und exekutiven Institutionen an der Machtausübung in der *rzeczpospolita (res publica)*. So bedeutete die schnelle Zuwendung zu Polen nicht nur die zunehmende Identifikation mit der politischen Gemeinschaft des polnischen Adels, sondern auch den Übergang in die politische und kulturelle Welt Westeuropas, also eine tief greifende Verwestlichung der russischen Oberschicht Litauens.

Aus der heutigen Sicht der *russkij mir* erscheinen diese Prozesse als eine „polnische Kolonisierung“; nicht zuletzt der große Schriftsteller Alexander Solschenizyn hat das so bezeichnet. In diesem Sinne wird jedes Anzeichen der durchaus vorhandenen politischen Diskriminierung der russisch-orthodoxen Gläubigen in Polen-Litauen als Beweis für die Richtigkeit dieser Interpretation ausgelegt. Dennoch änderte die angeblich von Polen erzwungene Kolonisierung der westrussischen Länder nichts daran, dass knapp zwei Jahrhunderte nach der Union von Krewo der inzwischen zur europäischen Großmacht aufgestiegene polnisch-litauische Staat mittels der Union von Lublin (1569) mit Zustimmung beider „Nationen" zu einem komplexen föderalen Gebilde umgebaut worden war.

Für die Ukraine war das der Wendepunkt: Eigentlich setzte erst die Lubliner Union die Geschichte der Ukraine so richtig in Gang, weil zum ersten Mal eine politische Grenze zwischen den litauisch-russischen Ländern und der polnisch-russischen *Ukraina* (auf Polnisch: „Land am Rande") gezogen wurde. Jene Gebiete, auf denen viel später durch den Zerfall der Sowjetunion der belarussische Staat entstehen sollte, verblieben nämlich beim Großfürstentum Litauen, während die heute ukrainischen Territorien ein integraler Bestandteil der polnischen Krone wurden. Die 1569 begonnene, facettenreiche gemeinsame polnisch-ukrainische Geschichte dauerte bis 1945. Man kann weder die Ukraine noch Polen noch Belarus noch Russland verstehen, ohne dass man die Grundfakten dieser Geschichte kennt.

Die Union regelte einvernehmlich die neue Kompetenzverteilung unter den Gliedstaaten, den Übergang von der Erb- zur Wahlmonarchie und die weitere Verrechtlichung der Herrschaftsverhältnisse. Diesen Neuerungen ging die Annahme des sogenannten Zweiten Litauischen Statuts voraus, das dem Großfürstentum Litauen lediglich drei Jahre nach den aus dem Jahre 1653 stammenden *Instruments of government* Oliver Cromwells gegeben wurde und durch das sie als die zweitälteste geschriebene Verfassung Europas gelten darf.

Es entstand eine multiethnische politische Gemeinschaft, die später als Republik Zweier Nationen *(Rzeczpospolita Dwojga Narodów)* bekannt wurde. In der angelsächsischen Literatur wird sie entsprechend meistens als *Polish-Lithuanian Commonwealth* bezeichnet. Die ruthenische Welt *in between*, deren Geschichte mit der Union von Krewo begonnen hatte, erfuhr daraufhin drei bis vier Jahrhunderte lang Konstitutionalismus und rechtlich verbriefte Freiheit des Einzelnen. Das war eine längere Prägung als der spätere Verbleib der „polnischen und litauischen Russen" in der „russischen Welt". Der dauerte nämlich in der linksufrigen (östlichen) Ukraine ungefähr drei und westlich des Dnjepr „bloß" zwei Jahrhunderte. *(Karte 3)*

Spontane Polonisierung

Bereits 1517 wurde die freiwillige Polonisierung der Bojaren formalisiert: 47 ruthenische Adelsgeschlechter wurden damals von der ethnisch polnischen *szlachta* „adoptiert", indem sie die Wappen der polnischen Adligen erhielten. Dieser Prozess wurde nach der Lubliner Union beschleunigt. Selten gipfelte die Polonisierung allerdings im Übertreten zum Katholizismus, wofür im 17. Jahrhundert symptomatisch der russische Fürst, Feldherr und Wojewode (Leiter einer administrativen Einheit) von Rus', Jarema Wiśniowiecki steht, dessen Sohn ein polnischer König wurde. Wenn diese Konversion erfolgte, dann meistens vermittels der eigens dazu im Jahre 1596 gegründeten, „uniert" genannten „griechisch-katholischen" Kirche, die im Ritus orthodox blieb, aber doch dem Papst unterstellt war. Obwohl die meisten russisch-orthodoxen Bischöfe Polen-Litauens dieser Kirche beitraten (denn nur so konnten sie in die obere Parlamentskammer, den Senat der *Rzeczpospolita* einziehen), wurde sie von den Gläubigen dennoch misstrauisch beäugt, weil ihre offensichtliche Aufgabe darin bestand, die Orthodoxen nicht nur besser in die Institutionen des Staates zu integrieren, sondern sie letztendlich auch zum Katholizismus zu führen. Unter den Bedingungen der Russifizierung im 19. und 20. Jahrhundert verschwand dieses Misstrauen allerdings rapide. Trotz ihres Verbots durch die russländischen Autoritäten wurde dann die unierte Kirche zur (west-)ukrainischen Nationalkirche schlechthin.

Wie der ethnisch polnische Adlige etwa in Masowien (mit Warschau), Großpolen (mit Posen) oder Kleinpolen (mit Krakau) pflegte auch der durchschnittliche russische *szlachta*-Angehörige etwa in Wolhynien (mit Luck) oder in der Wojewodschaft Kiew seine regionale Identität, was sich vor allem im Festhalten am orthodoxen Christentum manifestierte. Als *gente Ruthenus, natione Polonus* („der Abstammung nach Ruthene, der Nation nach Pole") verteidigte er sein Vaterland gegen Moskau, die Krimtataren, die Kosaken, das Osmanische Reich und die Schweden. Er teilte mit den ethnischen Polen den Stolz auf die Freiheiten und militärischen Leistungen seines Vaterlandes. Er und Seinesgleichen gründeten Städte auf der Grundlage des Magdeburger Rechts, bauten Kirchen, Paläste, Burgen und pflegten ihre typisch polnischen Adelshäuser – genannt *dwór* beziehungsweise *dworek* –, um die herum, abhängig vom Reichtum des Besitzers, sich wie bei Bauern kleine Felder oder wie bei Magnaten riesige Latifundien erstreckten.

In der ersten Hälfte des 17. Jahrhunderts wurde von Petro Mohyla das russisch-orthodoxe Bruderschaftliche Kollegium in Kiew (heute als Petro-Mohyla-Akademie oder auch Mohylanka bekannt) gegründet, die mit Recht als die erste, und dazu noch exzellente Hochschule im russischen Europa gilt. Einige orthodoxe Gymnasien folgten. Ansonsten war es für die Ruthenen in Polen üblich, sehr gute Jesuiten-Schulen zu besuchen. Von jeher reiste man zudem zu Studienzwecken ins Ausland (vorzugsweise nach Italien, Frankreich, Holland).

Zugleich versklavte der polonisierte russische Adel seine Leibeigenen und beutete sie aus. Die ruthenischen Bauern mussten zuschauen, wie ihre Herren Schritt für Schritt die einheimischen Dialekte und Sitten gegen das mit lateinischen Ausdrücken „verblümte" Polnische und den Ethos der *szlachta* austauschten. Während prachtvolle Bauten, politische Partizipation, europäische Bildung, Rechte und Privilegien sowie das Bewusstsein, die „Vormauer des Christentums" zu sein, von der selbstverständlichen Teilnahme der ruthenischen Adeligen an der westlichen Welt zeugten, entsprang die kollektive Selbstidentifikation der Bauern der Abhängigkeit vom Landesherren und dem russisch-orthodoxen Glauben. Die Ablehnung der Polen, die – „Lachen" genannt – als glaubensferne Ausbeuter gehasst wurden, ging bei diesen bäuerlichen Ruthenen mit dem Hass auf Juden einher, die als Händler, Gutsverwalter, Dorfkneipenbesitzer und sonstige Dienstleister mit der *szlachta* eine symbiotische Beziehung hatten.

Die Spaltung der ruthenischen Gesellschaft in den oberen, westlich-orientierten Teil des freien Adels (auch Städter und Juden könnten – mit allen Einschränkungen – zur Oberschicht gerechnet werden) und jenen der unfreien Bauern war freilich für das damalige Europa nicht außergewöhnlich. Sie bewirkte erst im 19. Jahrhundert die Ost-West-Ambivalenz der Ukrainer, die politische Relevanz bekam. Denn anders als im Westen Europas konnte die polnische Oberschicht, die am Ende des 18. Jahrhunderts ihres Staates beraubt worden war, in der Zeit der modernen Nationenbildung die ruthenischen Bauern nicht in die polnische Nation aufnehmen. Vielmehr entwickelten diese Bauern seit dem Ende des 19. Jahrhunderts ihre ethnische Identität in der primär sozial motivierten Abgrenzung von den katholischen Polen.

Moskau und Polen-Litauen

Mit seiner Ukraina positionierte sich das polnisch-litauische *Commonwealth* als der westliche Hauptträger jenes „ewigen", meistens unterschwelligen, manchmal sichtbaren und ab und zu kriegerischen Konflikts zwischen dem katholischen (und später auch protestantischen) Europa und der *russkij mir*, die vom expandierenden Moskauer Reich verkörpert wurde. Im 16. Jahrhundert sowie in den ersten Jahrzehnten des 17. Jahrhunderts kam es zu einer deutlichen Dominanz Polen-Litauens in diesem Konflikt.

Im Jahre 1610 schlug der geniale polnische Feldherr Stanisław Żółkiewski beim unweit von Moskau gelegenen Dorf Kluschyno mit der 6.500 bis 8.000 Mann starken Streitkraft des *Commonwealth* die Moskauer Truppen (40.000 Mann), die von schwedischen Einheiten (5.000 Mann) unterstützt wurden, vernichtend. Daraufhin baten ihn die Moskauer Bojaren, Hof-Angehörige und Bürger darum, ihre Stadt zu besetzen, um das Reich, das sich seit 1598 in den sogenannten „Wirrenzeiten" (Russisch: *smuta*) befand, zu stabilisieren. Moskau wurde nämlich nach dem Aussterben der Rjurikiden-Dynastie im Jahre 1598 von dynastischen Machtkämpfen, Bauernaufständen, dem ökonomischen Niedergang nach der ungezügelten Terrorherrschaft des letzten Rjurikiden-

Zaren, Iwans des Schrecklichen, sowie den militärischen Eingriffen durch fremde Mächte (Polen-Litauen und Schweden) und polnische Privatarmeen erschüttert. In Anlehnung an diese Erschütterungen und ungewohnte Wege, mit ihnen fertig zu werden, kann *smuta* als die außergewöhnliche Schwächeperiode definiert werden, die die Russen dazu bewegt, die Grundlagen der *russkij mir* – Expansion und Despotie – in Frage zu stellen.

Das war auch nach Kluschyno der Fall. Beinahe zeitgleich mit der Einrichtung einer polnisch-litauischen Garnison auf dem Kreml begannen nämlich nahe Smolensk lange Verhandlungen zwischen dem polnischen König und den Moskauer Verhandlungsführern über die Bedingungen der Wahl des polnischen Königssohnes zum russischen Zaren sowie über die Modalitäten einer Föderation beider Staaten, die als Ausbau des polnisch-litauischen Erfolgsmodells gedacht war. Die Idee einer Föderation von Litauen, Moskau und Polen, die seit der zweiten Hälfte des 16. Jahrhunderts in beiden Ländern sehr viele Anhänger gefunden hatte, scheiterte jedoch an den letztlich unüberwindbaren Unterschieden hinsichtlich der religiösen und politischen Vorstellungen über die Gestaltung der gemeinsamen Staatsstruktur. Die Welt des freiheitlichen, parlamentarischen, katholischen und – gemessen an den damaligen Standards – sehr demokratischen Polens erwies sich mit der des despotischen, christlich-orthodoxen Moskaus als unvereinbar. Auch die kurzzeitige Personalunion beider Staaten scheiterte, woraufhin die polnischen Truppen am 4. November 1612 aus Moskau vertrieben wurden.

Vor der Basilius-Kathedrale auf dem Roten Platz in Moskau erinnert ein im Jahre 1818 aufgestelltes Denkmal an die Anführer des 1612 ausgebrochenen „Volksaufstandes" gegen die polnisch-litauische Kreml-Garnison: Kusma Minin und Dmitrij Poscharski. Eine Kopie dieses Denkmals wurde im November 2005 in Welikij Nowgorod aufgestellt, weil Minin von dieser Stadt aus zum Widerstand gegen die Polen aufgerufen hatte. Unter Wladimir Putin wurde der 4. November zum Tag der Nationalen Einheit erklärt.

Unabhängig davon, wie die Zeitzeugen es bewertet haben mögen, war die Periode der *smuta*, die bis zur Wahl des ersten aus dem Geschlecht der Romanows stammenden Zaren durch die Standesversammlung des Landesrats *(semskij sobor)* im Jahre 1613 dauerte, keineswegs eine verlorene Zeit für Moskau. Die Annäherungsversuche zwischen Polen und Moskau bewirkten bereits vor den *smuta*-Jahren eine kulturelle Öffnung der Moskowiter, wobei der russische Adel der *Rzeczpospolita* hier seine geradezu natürliche Vermittlerfunktion erfüllte. Die Rechtsreform, die Iwan der Schreckliche Mitte des 16. Jahrhunderts, also noch vor seiner offensichtlichen psychischen Erkrankung auf den Weg gebracht hatte, orientierte sich beispielsweise stark an den Litauischen Statuten. Von Polen übernahm Moskau zudem in der *smuta*-Zeit Theater, Kleider und zeitweise auch Polnisch als die Sprache des Zarenhofes.

Eine noch größere kulturelle Auflockerung der „russischen Welt" bewirkte allerdings die Einverleibung der östlich vom Dnjepr gelegenen (linksufrigen) Ukraine durch das Moskauer Großfürstentum in der zweiten Hälfte des 17. Jahrhunderts. Sie zog einen rapiden Aufstieg der in den Schulen der polnischen Adelsrepublik gebildeten „ukrainischen" Oberschicht im Moskauer Reich nach sich, die die dortige, extrem traditionsorientierte Elite regelrecht „aufmischte". Das alles ebnete für die Reformen Peters des Großen im 16. und 17. Jahrhundert den Weg, welche wiederum die Grundlagen für den Anschluss Russlands an den engeren Kreis der wichtigsten politischen Spieler Europas darstellte. Die *smuta*-Krise kann somit als Zuspitzung eines langen Austauschprozesses mit der westlichen Welt gesehen werden, aus der Moskau erneuert und gestärkt herausging.

Kosaken-Ukraine

Die polnische Krone wurde Mitte des 17. Jahrhunderts nicht zuletzt durch Kosaken-Aufstände sehr geschwächt. Kosaken waren rechtslose Krieger (darunter viele entflohene Bauern und Adelige, die sich der Strafe der Gerichte der polnisch-litauischen Adelsrepublik entzogen) aus der östlichen Ukraina, von wo aus sie ihre gelegentlichen Raubüberfälle gegen Polen, Moskau und – über das Schwarze Meer – gegen das Osmanische Reich starteten. *(Karte 4)*

Als tapfere Soldaten wurden sie von Polen oft zur Verteidigung seiner Grenzen eingesetzt, ohne dass sie aus Kostengründen alle auf Dauer in den Dienst der Krone gestellt werden konnten, was eine nie versiegende Quelle der Frustration darstellte. Der bekannteste Anführer der Kosaken, Bohdan Chmielnizkij, ein mit Polen zerstrittener, orthodoxer Absolvent der Jesuitenschule in Lwów, übergab drei Jahre nach der im Jahre 1651 erfolgten Niederschlagung der von ihm geführten Aufstände durch Polen den eigenartigen Armee-Staat der Kosaken, das so genannte Hetmanat, der Herrschaft des Moskauer Zaren. *(Karte 5)* Im Jahre 1667 einigten sich zudem Moskau und Polen im Frieden von Andrussowo auf eine neue Grenzziehung entlang des Dnjepr, wobei Kiew dem östlichen Reich zugeschlagen wurde.

Chmielnizkijs Wahl war auf Moskau gefallen, weil er dieses Reich für das schwächste unter den „zur Auswahl" stehenden Schutzmächten hielt – Polnische Krone, Osmanisches Reich oder eben Moskauer Zarentum. Von der Wahl des Schwächsten versprach sich der Hetman die größtmögliche Autonomie für sein Hetmanat – eine Fehleinschätzung mit verhängnisvollen Konsequenzen für die Ukraine. Schon die feierliche „Einigungszeremonie" von Russland und Hetmanat, die im Jahre 1654 in der südlich von Kiew gelegenen Stadt Perejeslaw stattfand, wirkte auf die Kosaken so befremdlich, dass sie sogar überlegten, die Feierlichkeiten abzubrechen. Der Zar kam nicht persönlich nach Perejeslaw, sondern schickte zur Vertragsunterzeichnung seinen Gesandten. Dieser wurde von Chmielnizkij, der in der polnischen Welt daran gewöhnt gewesen war, dass jeder neu gewählte König sich feierlich verpflichtete, die bestehenden Gesetze und Privilegien zu respektieren, aufgefordert, im Namen des Moskauer Herrschers zu schwören, die Freiheiten der Kosaken künftig zu achten. Als Antwort bekam er zu hören: „Untertanen sollen ihrem Herrscher Treue schwören, nicht umgekehrt", mit anderen Worten: Der Zar ist an kein Gesetz gebunden und die Untertanen haben ihm trotzdem zu gehorchen. Eine Aussage, mit der die Quintessenz der in der *russkij mir* herrschenden rechtsnihilistischen Politikauffassung dargelegt ist.

Sowohl unter den russischen als auch den sowjetischen

Machthabern blieben die Zweifel und Enttäuschungen der Kosaken im Zusammenhang des Perejeslawer-Vertrags ein Tabu. Vielmehr erhoben sie Bohdan Chmielnizkij zu einer heroischen Gestalt, die im Kampf gegen Polen eine „Wiedervereinigung" der Ukrainer und Russländer ermöglicht hatte. Die Vereinnahmung des Hetmans durch die *russkij mir* war von großer politischer Bedeutung. Davon zeugt bis heute das auf dem Sophienplatz in Kiew stehende Reiterstandbild des Kosakenanführers. Dessen Einweihung erfolgte im Jahre 1888, als im Zarenreich offizielle Feierlichkeiten zu 900 Jahren der Entstehung der Kiewer Rus' stattfanden.

Religiöse Verwandtschaft – die Kosaken waren überwiegend russisch-orthodox – reichte jedoch auf Dauer nicht aus, um die Fremdartigkeit der *russkij mir* zu überdecken. Nur drei Jahre nach dem Tod Chmielnizkijs brachte sein Nachfolger Iwan Wyhowski im Jahre 1658 mit dem Vertrag von Hadjatsch das Hetmanat „nach Polen" zurück und gab somit den Anstoß dazu, die Republik Zweier in die Republik Dreier Nationen (Polnisch: *Rzeczpospolita Trojga Narodów*) – Litauen, Polen, Russen – umzugestalten. Diese Wende kam jedoch zu spät und sie scheiterte. Gleiches gilt für den Versuch des Hetmans Iwan Mazepa, bis dato ein enger Vertrauter Peters des Großen, die Kosaken in den Jahren 1707–1709 mit schwedischer Hilfe von Russland zu lösen. Der Sieg des Zaren über den schwedischen König Karl XII. im Juni 1709 in Poltawa symbolisiert deshalb aus der russländischen Sicht die berechtigte Rückkehr der von einem Verräter „entführten" russischen Länder in die *russkij mir*. Aus der nationalen ukrainischen Perspektive steht die Poltawa-Niederlage dagegen für das Drama des erzwungenen Verbleibs in einer fremden Welt.

Beträchtliche Teile der rechtsufrigen Ukraine blieben bis 1795 polnisch. Im 18. Jahrhundert wurde das schwächelnde Polen-Litauen jedoch de facto zu einem russländischen Protektorat. Dagegen widersetzten sich die Polen mit dem militärischen Aufstand Tadeusz Kościuszkos (1794) und – vor allem – mit tief greifenden Reformen ihres Staates. Die Umsetzung dieser Reformen wurde aber von den Nachbarn torpediert. Zwar sorgte im 18. Jahrhundert nicht zuletzt ein sieben Jahrzehnte lang andauernder Friede in Polen-Litauen für den Reichtum des *Commonwealth*, wegen der ständigen Behinderungen durch seine Nachbarn konnte er jedoch nicht in eine politische und militärische Stärke umschlagen. Heute zeugen leider bloß Überreste meist barocker Bauten von dieser Entwicklung. Die meisten, großartigen Zeugnisse der polnischen Kultur wurden in der russischen und der kommunistischen Ära zerstört, zweckentfremdet (Kirchen wurden beispielsweise oft in Sport- oder Lagerhallen umgewandelt) beziehungsweise bewusst dem Verfall preisgegeben. Seitdem die Ukraine im Jahre 1991 ihre Unabhängigkeit erhalten hat, ändert sich das langsam, vor allem dank der katholischen Kirche, die in den ukrainischen Ländern nun wieder aktiv sein kann.

Das deutsche „Russland-Zuerst"

In der zweiten Jahrhunderthälfte reichten die deutschen Staaten – das Habsburger Reich und Preußen – der „russischen Welt" die Hand, um Polen endgültig zu vernichten. Sie alle beteiligten sich am jahrzehntelangen Raub an Polen-Litauen, der als die „drei Teilungen Polens" – 1772, 1791 und 1795 – in die Annalen einging. Besonders Friedrich der Große agierte in diesem Zusammenhang auf eine wahrlich betrügerische Art und Weise. Der polnisch-litauische Staat verschwand von der politischen Karte. *(Karte 6)* Nach den napoleonischen Kriegen wurde die Auflösung des polnisch-litauischen *Commonwealth* durch den Wiener Kongress 1815 nochmals bestätigt. Warschau und Wilna (Polnisch: Wilno, Litauisch: Vilnius) fielen den Romanows zu. Krakau und Lemberg kamen unter die Herrschaft der Habsburger. Posen (Polnisch: Poznań) mit Großpolen – dem Ursprungsgebiet Polens – wurde Preußen angegliedert.

Mit den Teilungen Polens wurde der Raum „zwischen Berlin und Moskau" (wie ihn der amerikanische Historiker Timothy Snyder 2010 genannt hat) zum Spielball fremder Mächte, was eine Annäherung Preußens und Russlands bewirkte. Beide Akteure konnten im 19. Jahrhundert nicht zuletzt deshalb so lange gute Beziehungen pflegen, weil sie denselben Wunsch hegten, nämlich die Vernichtung Polens und den Erhalt des politischen *status quo*. Das kam besonders durch ihre enge Zusammenarbeit während und nach der Zerschlagung des polnisch-litauischen Januar-Aufstandes gegen Russland in den Jahren 1863 – 1864 zum Ausdruck. Das Deutsche Reich setzte die antipolnische Politik Preußens fort. Sie basierte nicht zuletzt auf der Annahme, die Unterdrückung Polens wäre eine Gewähr für die Fortexistenz des Reiches, machten doch die Polen 40 Prozent der preußischen Bürger aus! Vor diesem Hintergrund sind die Worte Bismarcks aus einem im Jahre 1861 verfassten Brief an seine Schwester zu verstehen: „Haut doch die Polen, dass sie am Leben verzagen; ich habe alles Mitgefühl für ihre Lage, aber wir können, wenn wir bestehen wollen, nichts andres tun, als sie ausrotten; der Wolf kann auch nichts dafür, dass er von Gott geschaffen ist, wie er ist, und man schießt ihn doch dafür tot, wenn man kann."

Die zunächst von Friedrich dem Großen praktizierte Politik wurde sodann im 19. Jahrhundert zur bestimmenden Tradition der deutschen Politik im Osten Europas, die „Russland zuerst" genannt werden kann. Ihren Kern stellt die Bereitschaft dar, über die Selbstbestimmung und Interessen nicht nur der Polen, sondern auch anderer zwischen den deutschen Ländern und Russland lebenden Völker, darunter der Ukrainer, hinwegzusehen.

Das nationalsozialistische Deutschland verwarf mit dem Überfall auf die Sowjetunion im Jahre 1941 diese „Russland-zuerst"-Tradition. Der erwähnte Timothy Snyder zeigt eindringlich, dass es allerdings mit der Sowjetunion die Skrupellosigkeit teilte, die politische Schwäche des Raumes „zwischen Berlin und Moskau" für abstruse soziale Experimente, Raub und Ausbeutung zu nutzen. Nicht nur Selbstbestimmungsansprüche und Interessen, sondern sogar das Existenzrecht der dort lebenden Völker wurden missachtet: Nach Schätzungen Snyders sind alleine in den dreißiger und vierziger 14 Millionen Zivilisten (davon 5,1 Millionen Juden) umgebracht worden.

Die kommunistische Herrschaft über Mittel- und Osteuropa nach dem Zweiten Weltkrieg tat das ihre, um in der Bundesrepublik das „Russland-zuerst"-Prinzip zu konservieren. Das wurde wohl am deutlichsten in den achtziger Jahren, als zahlreiche höchste Vertreter der bundesdeutschen Politik die polnische Freiheitsbewegung „*Solidarność*" (aber auch die litauische *Sajudis* oder die ukrainische *Ruch*) nicht als Träger einer bevorstehenden Auflösung des Ostblocks wahrnahmen, sondern als Störfaktor für ihre Ostpolitik behandelten, die auf der Annahme basierte, der Ostblock sei stabil.

Die imperiale Idee

Parallel zur schrittweisen Vernichtung des polnisch-litauischen Staates löste die russische Zarin Katharina II. (die Große) in den Jahren 1774 – 1783 das Chanat der Krimtataren auf, woraufhin eine knapp zwei Jahrhunderte lang dauernde, mit brutalsten Mitteln geführte Russifizierung der Halbinsel folgte, deren tragischstes Opfer das dortige Tatarenvolk wurde; bis heute erlebt es mehr oder weniger intensiv Unterdrückung und Verfolgung. Das Hetmanat unterlag im Jahre 1764 dem gleichen Schicksal. In einer Geheimschrift bekundete Katharina II. unmissverständlich die Ziele ihrer Ukraine-Politik: „Wenn es in Kleinrussland keinen Hetman geben wird, muss die Bemühung her, den Begriff des Hetmanentums für Jahrhunderte verschwinden zu lassen". So bildete die Zarin 1764 aus Teilen des Hetmanats und der Krim das „Neurussland" *(Noworossija)* genannte Gouvernement ihres Reiches. Bei seiner Invasion in der Ukraine verwendet Wladimir Putin bekanntlich die gleiche Nomenklatur.

Russland expandierte im 18. Jahrhundert (auch übrigens im sibirischen Osten) weit in die ethnisch nicht-russische Welt hinein, wozu es einer Modifikation der *russkij mir* bedurfte, die in der Moskauer Ära noch ausschließlich die russisch-orthodoxen Länder beansprucht hatte. Ihr erster Pfeiler, die despotische Herrschaft – in Russland nun mittlerweile „Selbstherrschaft" *(samoderschawije)* des Zaren genannt – wurde auch nach der Revolution des Jahres 1905 bis zum Untergang des Imperiums der Romanows im Jahre 1917 beibehalten.

Was den außenpolitischen Pfeiler angeht, so wurde die Expansion des Imperiums einerseits wie in den Moskauer Zeiten religiös untermauert. Das wurde durch den Umstand erleichtert, dass die russisch-orthodoxe Kirche, die niemals eine Autonomie vom Staat gekannt hatte, unter Peter I. faktisch ein Zweig der Staatsverwaltung geworden war. Als solche war sie immer bereit, jede Aggression und jede Eroberung des Staates zu rechtfertigen. Symbolisch kam diese Instrumentalisierung der Religion mit dem Aufbau zahlreicher prachtvoller Alexander-Newskij-Kathedralen an herausragenden Orten selbst jener imperialen Provinzen zum Ausdruck, in denen es kaum russisch-orthodoxe Gläubige gab.

Andererseits wurde als Legitimation für die territoriale Ausdehnung Russlands über ruthenische Territorien hinaus ein imperialer Chauvinismus eingesetzt. Von der Irrationalität dieser „säkularen Legitimationswaffe" zeugt der Umstand, dass Russland, das sich erst im 18. Jahrhundert daran gemacht hatte, ein Schulsystem aufzubauen, das den Namen verdient, im 19. Jahrhundert dazu überging, die ehemals polnisch-litauischen Gebiete mit bildungspolitischen und polizeilichen Zwangsmaßnahmen zu russifizieren! Selbstverständlich war das Zarenreich für diesen Kulturkampf gegen die polnische und litauische Nation nicht gewappnet, es gelang ihm aber immerhin, die ukrainische Nationenbildung zu stören.

Das geteilte Land *in between*

Während Russland im 18. Jahrhundert weit in den Westen und Süden der heutigen Ukraine expandierte, befand sich die Ostukraine bereits seit einem Jahrhundert unter der Herrschaft Sankt Petersburgs. Die dort lebenden Kosaken, die unter den Ukrainern seit dem Anfang des zwanzigsten Jahrhunderts zunehmend als „Protoukrainer" gelten, positionierten sich mit ihrem Hetmanat zunächst irgendwie zwischen der „russischen" und westeuropäischen Welt. Auf lange Sicht kam es jedoch zu einer starken Russifizierung (später: Sowjetisierung) der Ostukraine. Das belegen nicht zuletzt die Wahlergebnisse in der unabhängigen Ukraine eindrucksvoll. Je später ein ukrainisches Gebiet im 17. oder 18. Jahrhundert von der polnischen unter die russische Herrschaft kam, desto bessere Ergebnisse erzielten dort nach 1991 jene ukrainischen Parteien und Gruppierungen, die sich in der politischen Auseinandersetzung des Landes gegen die *russkij mir* aussprechen. Diese „historische Vorbestimmung" der ukrainischen Wahlergebnisse wurde erst während des russischen Angriffs auf das Land im Jahre 2014 merklich reduziert.

Sowohl bei den Präsidentschaftswahlen von 2004, als der „nationale" Wiktor Juschtschenko gegen den prorussischen Kandidaten Wiktor Janukowytsch gewann, als auch bei den Präsidentschaftswahlen des Jahres 2010, bei denen sich Wiktor Janukowytsch gegen Julia Tymoschenko knapp durchsetzte, fielen der Osten und Süden des Landes der *russkij mir* zu, während sich der Westen und das Zentrum indirekt für Westeuropa aussprachen. Bei der historischen Wahl im Mai 2014 siegte dagegen der pro-westliche Petro Poroschenko in beinahe allen Wahlkreisen, bis auf einen einzigen, der direkt an der Grenze zu Russland liegt.

Nebenbei bemerkt: Die Krim und die nun von prorussischen Separatisten regierten ostukrainischen Gebiete, die „Volksrepubliken" genannt wurden, hatten niemals zum polnischen Reich, dafür aber von jeher zur „russischen Welt" gehört. Angesichts dieser Tatsache kann man sich nur darüber wundern, wie erfolgreich ihre Ukrainisierung in der Ukrainischen Sowjetrepublik und der unabhängigen Ukraine gewesen sein muss, wenn ihr Verbleib in der „russischen Welt" nur mit Militärunterstützung Russlands gesichert werden konnte.

Der Großteil der ehemals polnisch-litauischen Länder *in between* wurde infolge der Teilungen Polens dem Zaren-Imperium zwangsangegliedert, wobei die nördlichen Teile dieser Erwerbungen in Russland noch im späten 19. Jahrhundert wie selbstverständlich „Litauen" genannt wurden. Ein ukrainisches Stück der polnischen Länder *in between* stahlen freilich die Habsburger, die gleich damit begannen, die Erinnerung an die polnische administrative Einheit *województwo ruskie* (Russische Wojewodschaft) zu tilgen. Zu diesem Zweck bildeten sie aus ihr und dem Krakauer-Gebiet ein administratives Geschöpf, das sie

„Galizien" nannten. Dessen gekünstelte Bezeichnung leiteten sie vom Namen der Stadt Halytsch ab, die in der Zeit der Kiewer Rus' das Zentrum eines nach ihr genannten Fürstentums gewesen war, das nicht unter die direkte Herrschaft der Goldenen Horde gefallen und unter seinem Herrscher Daniel zeitweilig ein kleines katholisches Königreich war.

Überhaupt zielte die Politik der Teilungsmächte in den ehemals polnischen Ländern *in between* darauf ab, auf der Grundlage der sozialen und kulturellen Spaltung der dortigen Gesellschaft das einfache Volk dauerhaft gegen die polnische Oberschicht, Sprache und Kultur aufzubringen. Auf diesem Wege sollten die Bauern an den jeweiligen Kaiser gebunden und das gesellschaftlich bestimmende polnische Element politisch geschwächt werden. Während Österreich-Ungarn mit seiner im Jahre 1866 angesetzten („Ausgleichs"-)Politik von dieser Konfliktlinie abwich und sich mit den polnischen Eliten arrangierte, ohne dabei die Räume für die aufsteigende ukrainische nationale Bewegung einzuschränken, verfolgte das Reich der Romanows seine Politik stur bis zu seinem endgültigen Untergang im Jahre 1917. Gleiches galt für das Zweite Deutsche Reich.

Infolge des Habsburger Politik-Wechsels wurde Galizien zum überwiegend ländlich geprägten „ukrainischen Piemont" – nirgendwo sonst verlief die ukrainische Nationenbildung so schnell und erfolgreich. Zur gleichen Zeit bildeten die zwei „galizischen" Metropolen die Zentren des Polentums: die „polnischste aller polnischen Städte", die „polnisches Florenz" genannte Stadt Lemberg sowie die alte Königsstadt Polens, Krakau.

Im Zarenreich hingegen wurde keine ukrainische Nationalbewegung geduldet. Man erachtete die Ukrainer dort allen Ernstes als so etwas wie durch Polen verdorbene Russen und die ukrainische Nationenbildung des 19. Jahrhunderts offiziell als eine „polnische Intrige". Die *russkij mir* des imperialen Russlands hielt am traditionellen Anspruch des Moskauer Reiches fest, den einzig legitimen politischen und kulturellen Raum aller Russen darzustellen.

„Russische Welt" Stalins

Selbst die Sowjetunion konnte sich von diesem Anspruch nicht richtig lösen. Das ist erstaunlich, weil sich die sowjetsozialistische Ideokratie eigentlich der Vernichtung der *russkij mir* verschrieben hatte. Alle gesellschaftlichen Klassen und Schichten, die vom Marxismus-Leninismus als „objektiv" verantwortlich für Ungerechtigkeit und Ausbeutung angesehen wurden, sollten gemäß der Staatsideologie eliminiert werden. Dieser bolschewistischen Schreckensherrschaft unter Lenin und Stalin fielen private Unternehmer (darunter Millionen Bauern), Priester (die gemäß der Ideologie das religiöse „Opium" unters Volk gebracht hatten), jener liberale Teil der *intelligencija*, der sich zwar mit der bolschewistischen Herrschaft arrangiert hatte, innerlich jedoch zu ihr auf Distanz stand, und viele andere – ebenso vollkommen unschuldige – Menschen zum Opfer.

Trotz einer derart radikalen Abgrenzung von der Vergangenheit griff die Sowjetunion der Stalin-Ära (1927 – 1953) immer wieder auf die Mythen und Traditionen der im Moskauer Reich konstruierten und im Petersburger Russland umgedeuteten „russischen Welt" zurück. Der scheinbar selbstverständliche und glatte Übergang von der marxistischen Dialektik zu den platten Attitüden der *russkij mir* war deshalb möglich, weil beide sehr gut dazu taugten, die territoriale Ausdehnung und die nihilistische Herrschaftsausübung der Kommunisten zu legitimieren. So wurden der Sowjetunion nun Relikte aus der „russischen Welt" einverleibt, wie es schon der Titel eines von der kommunistischen Partei akzeptierten, das heißt ideologisch „sauberen" Werks, auf den Punkt brachte, das die kollektive Identität der Untertanen prägen sollte: „Die Geschichte der Sowjetunion seit der Kiewer Rus'". Dass Russland die selbstverständliche Aufgabe habe, die „russische Welt" zum Sozialismus zu führen, drückten wiederum die Anfangsworte der von Stalin persönlich akzeptierten Sowjethymne aus: „Die Große Rus' hat die unzerbrechliche Union der freien Republiken für die Ewigkeit zusammengebracht."

In Krisenzeiten stiegen Symbolik und Mythologie der „russischen Welt" sogar zur Ersatz-Legitimation des sowjetsozialistischen Reiches auf, weil sie den für seinen Bestand essenziellen

Zusammenhalt der „drei slawischen Brüdervölker" – der Russländer, der Belarussen und der Ukrainer – legitimatorisch offenbar wirksamer unterfütterten als die trocken-wissenschaftlichen marxistischen Floskeln. Vor dem Hintergrund der emotionalen Wirkung der Mythen, imperialen Ansprüche und Symbolik der *russkij mir* auf die Russen ist es verständlich, dass Stalin in den Zeiten der großen Bewährungsproben seines Staates Kulturwerke in Auftrag gab, die die abstruse Realität des Sowjetsozialismus mit dem Rückgriff auf die *russkij mir* propagandistisch festigen sollten.

Besonders die berühmten Filme Sergej Eisensteins sind in diesem Zusammenhang zu nennen. Dazu gehörte etwa die 1938 in die sowjetischen Kinos gekommene Produktion „Aleksander Newskij", die mit der Darstellung der altrussischen Kämpfe gegen den deutschen Ritterorden die sowjetische Bevölkerung auf einen möglichen Krieg mit dem nationalsozialistischen Deutschland vorbereiteten sollte. Der im Jahre 1944 gedrehte „Iwan der Schreckliche" legitimierte wiederum die uneingeschränkte Herrschaft Stalins mit einer zwar in beeindruckende Bilder gefassten, aber merkwürdigen Apotheose des Moskauer Gewaltherrschers.

Der Legitimation der kommunistischen Herrschaft, die durch die anfänglichen Niederlagen der Roten Armee nach dem deutschen Angriff auf die Sowjetunion im Jahre 1941 stark ramponiert wurde, sollte auch die im September 1943 von Stalin eingeleitete Wiederherstellung der zuvor systematisch zerstörten russisch-orthodoxen Kirche durch die Geheimpolizei NKWD dienen. Sie wurde zur „Verwaltungsabteilung" des atheistischen Staates. Ihre bloße Existenz aber reichte aus, um zu helfen, die gläubigen Russen für den Kampf gegen die in der Manier der Herrenmenschen agierenden Deutschen zu mobilisieren.

Sowjetische „russische Welt" gegen Polen

Die Zerstörung des polnisch-litauischen Staates am Ende des 18. Jahrhunderts mündete nicht in die gänzliche Tilgung Polens und Litauens. Dafür reichte das kulturelle Potenzial der „russischen Welt“ nicht aus. Deshalb blieb Polen für Russland in den kommenden Jahrhunderten ein Dauergegner, was wiederum für Litauen so nicht galt, weil es sich in der zweiten Hälfte des 19. Jahrhunderts durch die moderne Nationenbildung immer mehr von Polen abwandte und auf seine ethnischen Grenzen zusammenschrumpfte. Als kleines Land und Volk verlor es für das Imperium politisch stark an Bedeutung. Polen dagegen blieb aus russländischer Sicht nach wie vor ein zu eliminierender Spieler, und zwar nicht zuletzt wegen seines verwestlichenden Einflusses auf die Ukraine. Sobald Stalin in Hitler einen Verbündeten für die endgültige Vernichtung Polens gefunden hatte, machten sich beide nach ihrem Pakt vom August 1939 daran, die polnischen Eliten und die polnische Kultur systematisch zu beseitigen. Ihre jeweiligen Vernichtungsmaßnahmen nahmen ein solches Ausmaß an, dass sie in der Sowjetunion nicht verborgen werden konnten. Deshalb bedurften sie einer Rechtfertigung. Zu diesem Zweck wurden zahlreiche filmische Großproduktionen gedreht.

Zum Beispiel erinnerte der von M.I. Doller im Jahre 1939 gedrehte Film „Minin und Poscharski“ an die Vertreibung der Polen aus Moskau am Ende der *smuta*, wobei die Besatzer als überzeugte und heimtückische Russen-Hasser dargestellt wurden. Das mit immensem Aufwand im Jahre 1941 inszenierte Epos „Bogdan Chmielnizkij“ (Regie: Igor Sawtschenko) interpretierte wiederum die Aufstände der Kosaken als den Kampf für ihre angeblich ersehnte Rückkehr in die „russische Welt“.

Während es zu Erschießungen Tausender polnischer Offiziere in Katyn', Twer (damals Kalinin), Kiew, Charkiw und – wahrscheinlich – Kuropaty (nahe Minsk) kam, sowie zu Deportationen Hunderttausender Polen nach Sibirien, drehte Abram Room den Film „Der Wind aus dem Osten“ (1940), der den Auftrag hatte, die Zweite Polnische Republik der Jahre 1918–1939 zu desavouieren und die polnische Kultur lächerlich zu machen. Michail Romm produzierte wiederum im sowjetisch besetzten Lwów einen ähnlich antipolnischen Film, der einen Tag vor dem deutschen Überfall auf die Sowjetunion am 22. Juni 1941 gerade noch fertig gestellt werden konnte: „Traum“. Diese und ähnlich antipolnische Filmproduktionen lassen nur dann Spuren marxistischer Geschichtsinterpretation erkennen, wenn die polnische Nation und Kultur als die Träger der zu eliminierenden Ausbeuterklasse interpretiert werden. Ansonsten basieren sie auf den von jeher antipolnischen Vorstellungen der *russkij mir*.

Es ist im Westen bekannt, dass in der Sowjetunion der Stalin-Ära einige künstlerisch überragende Filmwerke entstanden sind. Im Gegensatz zu den von Leni Riefenstahl gedrehten nationalsozialistischen Produktionen wissen aber nur wenige, welche politische Aufgabe sie zu erfüllen hatten. Über den Film „Traum" von Michail Romm sagte kein Geringerer als Franklin D. Roosevelt, das sei einer der besten Filme der Welt. Offenbar war ihm der politische Kontext des Films unbekannt, der im Vernichtungstreiben seines Kriegsverbündeten Sowjetunion gegen seinen anderen Kriegsverbündeten Polen bestand.

Abschied von Polen

Andrej Scheptyzkij stellt die herausragende Gestalt der ukrainischen Geschichte im 20. Jahrhundert dar. Nach den polnischen Siegen über die Rote Armee vor Warschau und in der Memel-Offensive im August/September 1920 wurde im März 1921 in Riga ein Friedensvertrag zwischen Polen und dem bolschewistischen Russland unterzeichnet, der die Westukraine dem polnischen Staat zuerkannte. Als Erzbischof von Lwów und Metropolit der griechisch-katholischen Kirche agierte Scheptyzkij daraufhin als entschiedener Gegner Polens, wobei seine politische Integrität als Mensch, der für die Souveränität seines Volkes eintrat, nicht in Frage gestellt werden konnte. Der größten Herausforderung stand er jedoch nicht durch den polnischen Staat, sondern durch jene äußeren Mächte gegenüber, die sich 1939 daran machten, Polen zu vernichten.

Nach dem Hitler-Stalin-Pakt und der anschließenden Sowjetisierung der Ukraine tat Scheptyzkij alles, um diesem Prozess entgegenzuwirken, weshalb er mit den sowjetischen Besatzern zahlreiche Arrangements traf. Nach dem Überfall Deutschlands auf seinen kommunistischen Verbündeten im Juli 1941 bedankte er sich bei den Deutschen für die Befreiung vom kommunistischen Joch. Mit Kritik reagierte er jedoch auf die Judenvernichtung in seinem Land, die die neuen Besatzer in Gang gesetzt hatten, und rettete selbst zahlreiche Juden (er hatte unter anderem seinen Anteil am Überleben Adam Rotfelds, der nach dem Kommunismus kurz polnischer Außenminister war). Als die Rote Armee in ihrem Vormarsch gegen die deutschen Truppen wieder in die Westukraine vordrang, bedankte sich Scheptyzkij offiziell dafür, dass sie der Sowjetunion angeschlossen sein würde. In dieser wechselnden Anpassung suchte er stets die Chance, für sein Volk etwas zu erreichen. Seine Autorität im Volk, von dem er bis heute verehrt wird, war so groß, dass sich die Sowjets gezwungen sahen, seine Beerdigung in Lemberg Anfang November 1944 von einer Ehrenkompanie der Roten Armee begleiten zu lassen (das hinderte sie allerdings nicht daran, einige Jahre später die ukrainische griechisch-orthodoxe Kirche zu verbieten).

Dieser überzeugte Ukrainer war ein ferner Verwandter jenes römisch-katholischen Konvertiten, Fürsten und Wojewoden von Rus', Jarema Wiśniowiecki, der Jahrhunderte zuvor mit außergewöhnlicher Brutalität die Kosaken Bohdan Chmielnizkijs bekämpft hatte. Seine Mutter war die Tochter Aleksander Fredros, eines polnischen Grafen und ebenso großen wie berühmten Schriftstellers. Einer seiner Brüder, Stanisław, war unter anderem polnischer Verteidigungsminister, ein anderer, Kazimierz, katholischer Priester, der in Israel den Titel „Gerechter der Welt" erhielt (er verstarb allerdings bereits 1951 in einem sowjetischen Gefängnis), ein weiterer Bruder, Aleksander, wurde von der Gestapo gefoltert und umgebracht. An der Scheptyzkij-Familie ist exemplarisch die zu Anfang des 20. Jahrhunderts faktisch vollzogene Spaltung der Nachfahren der polnischen Adelsnation in Polen und Ukrainer zu beobachten. Diese Spaltung wurde von der langsamen Nationalisierung der ruthenischen Bauern begleitet, um die die junge ukrainische Nationalelite bemüht war. Die Prozesse ukrainischer Nationenbildung generierten im polnischen Staat der Zwischenkriegszeit zuweilen dramatische Konflikte. Dabei hatten die Westukrainer doch das „Glück", erst im Verlauf des Zweiten Weltkrieges unter die sowjetische Herrschaft gekommen zu sein.

Der Osten der rechtsufrigen Ukraine wurde durch den Frieden von Riga der Sowjetunion zugesprochen. Zunächst sah es so aus, als würde sich dieser polnisch-sowjetische Deal für die Ukrainer als gar nicht so ungünstig erweisen. In den zwanziger Jahren wetteiferten nämlich beide ehemalige Kriegsparteien um die Gunst des unter ihnen geteilten Volkes, weil jede es in den zu erwartenden militärischen Auseinandersetzungen willkommen heißen wollte. Während die Bolschewiki in den zwanziger Jahren besonders um die Erfüllung der kulturellen Ansprüche der Ukrainer bemüht waren, gewährte ihnen Polen weitgehende Autonomie in Wolhynien (nicht aber in Galizien mit Lwów) und unterstützte tatkräftig die antibolschewistische ukrainische Diaspora. Die Polen befanden sich jedoch politisch in einer schwierigeren Lage als die Sowjets. In vielen ländlichen Gebieten im Osten der Zweiten Polnischen *Rzeczpospolita* war der ukrainische Bevölkerungsanteil wesentlich höher als der polnische, während der dortige Großgrundbesitz von jeher polnisch und die dortigen Städte seit Jahrhunderten polnisch beziehungsweise jüdisch dominiert waren. Am nationalen Konfliktpotenzial, das diese soziale Ungleichheit von Polen und Ukrainer innewohnte, änderte der Umstand wenig, dass im polnischen Osten Millionen polnisch-katholischer Bauern und Juden sozial unterprivilegiert waren.

Bereits im November 1918 führten Polen und Ukrainer einen kurzen Krieg um Lemberg, den die Polen gewannen. Auch in der zwar autoritär regierten, aber doch pluralistischen und politisch lebhaften Gesellschaft der Zweiten Polnischen Republik drohte dieses Potenzial ab und zu, in akute Kampfhandlungen umzuschlagen. Anfang der dreißiger Jahre setzte Polen Soldaten zur Durchführung von Strafmaßnahmen an ukrainischen Bauern im östlichen Kleinpolen (Ostgalizien) ein, die sich an provozierten Unruhen beteiligt hatten. Nach dem Tod des Diktators Józef Piłsudski, der bereits im Ersten Weltkrieg daran gearbeitet hatte, einen föderativ mit Polen verbündeten ukrainischen Staat zu errichten, rückte Polen um 1938 von der bisherigen Politik gegenüber den Ukrainern ab, indem es in Wolhynien den Unterricht in der ukrainischen Sprache erschwerte und viele griechisch-katholischen Kirchen schloss.

Diese politische Kehrtwende geht teilweise auf die Provokationen der ukrainischen faschistischen Terroristen um Stepan Bandera und die Organisation der Ukrainischen Nationalisten (UON) zurück. Mit Unterstützung Deutschlands, für das die Existenz Polens von Anfang der Zwischenkriegszeit an unerträglich war (Stresemann: „Saisonstaat"), strebten sie einen totalitären ukrainischen Staat an und gingen vorwiegend gegen die ukrainischen und polnischen Anhänger einer polnisch-ukrainischen Zusammenarbeit vor. Wegen seiner Beteiligung an der Ermordung eines polnischen Innenministers wurde Bandera im Jahre 1934 von einem polnischen Gericht zwar zum Tode verurteilt, doch wurde diese Strafe zu lebenslänglicher Haft umgewandelt. Durch den deutschen Angriff auf Polen im September 1939 wurde Bandera befreit, nach dem deutschen Überfall auf die Sowjetunion im Juni 1941 sollte er in Lemberg den ukrainischen Staat ausrufen. Da er das ohne Absprache mit den Nationalsozialisten tat, wurde er – als gut zu behandelnder „Ehrenhäftling" – ins Konzentrationslager Sachsenhausen verbracht, wo er bis zum Herbst 1944 interniert war.

Im Krieg formierte die UON(b) („b" steht für „Banderisten") die sogenannte Ukrainische Aufständische Armee (UPA). Einen beträchtlichen Teil ihrer Mitglieder stellten die seit 1943 zahlreichen Deserteure der ukrainischen Hilfspolizei, die ab 1941 mit den Deutschen zusammengearbeitet und sich an zahlreichen Morden an Juden und Polen beteiligt hatten. In den Jahren 1943 – 1944 folgte die UPA dem Befehl ihrer Führung, in Wolhynien alle Polen und in Galizien „bloß" alle erwachsenen polnischen Männer umzubringen. (Diese Einschränkung hielt die UPA in der Praxis ihres „Unabhängigkeitskampfes" nicht ein, um so die Grundlagen für die Bildung eines ethnisch rein ukrainischen Staates nach dem Krieg zu schaffen). Sie ermordete vor allem die polnischen (katholischen) Bauern, ohne dabei die zahlreichen polnisch-ukrainischen „Mischlingsfamilien" zu schonen. Darüber hinaus brachte sie einige Hundert Tschechen um, die in der Zwischenkriegszeit loyale Bürger des polnischen Staates gewesen waren. Die Morde der UPA-„Soldaten" wie auch der ukrainischen (griechisch-katholischen) Bauern waren meist bestialisch. Insgesamt wurden nach vorsichtigen Schätzungen 100.000 Polen abgeschlachtet. Andrej Scheptyzkij reagierte auf dieses Massaker nicht. Nach dem Krieg verließen fast alle Polen, die die deutschen, sowjetischen und ukrainischen Vernichtungswellen überlebt hatten, die an die ukrainische Sowjetrepublik angeschlossenen Territorien Wolhyniens und Galiziens. Mit diesem Exodus in die von den Kriegsalliierten an Polen angeschlossenen ehemaligen ostdeutschen Länder endete die sieben Jahrhunderte lange polnische Geschichte der Ukraina.

Annäherung an Polen

Das tragische Ende der gemeinsamen Geschichte sollte einen langen Schatten auf die polnisch-ukrainischen Beziehungen werfen. Unter kommunistischer Herrschaft sind in beiden Ländern Generationen aufgewachsen, denen die Wahrheit über diese Geschichte und ihr Ende vorenthalten wurde, sodass viele Polen und Ukrainer erst mit der Unabhängigkeit ihrer Staaten nach 1989 und 1991 davon erfahren konnten. In Polen ist die Aufarbeitung der sogenannten weißen Flecken der eigenen Geschichte viel weiter vorangeschritten als in der Ukraine, wobei die Polen im Gegensatz zu ihren östlichen Nachbarn keinen Bogen um die für sie unangenehmen Themen machen – wie etwa den verhängnisvollen Ausschluss der Juden aus der polnischen nationalen Gemeinschaft im Zweiten Weltkrieg oder die Exzesse der Vertreibung der Deutschen aus den Gebieten, die die Siegermächte Polen als Entschädigung für den Verlust seiner Ostgebiete an die Sowjetunion gaben.

Dass in der Ukraine die Wahrheit über das „Wolhynien-Massaker" immer noch tabuisiert wird, während ausgerechnet im ehemals polnischen Westen des Landes der Bandera- und UPA-Kult blüht, trägt sicherlich nicht zur Versöhnung der sich historisch so nahe stehenden Völker bei, selbst wenn die politischen Eliten diesen Prozess mit symbolischen Maßnahmen zu fördern versuchen. Die aus polnischer Sicht fehlende Aufrichtigkeit der Ukrainer in der Betrachtung der gemeinsamen Geschichte belastet die polnisch-ukrainische Versöhnung sehr und reduziert sie häufig auf nachvollziehbare gemeinsame antirussische Reflexe. Trotzdem gibt es kein anderes Land in der EU, das sich politisch so sehr für die Ukraine und deren Anschluss an den Westen einsetzt wie Polen: Als erster Staat hat es die Unabhängigkeit der Ukraine anerkannt, es unterhielt gute bis exzellente Beziehungen zu ausnahmslos allen ukrainischen Regierungen und Präsidenten, es initiierte (zusammen mit Schweden) das Programm der Ostnachbarschaft der EU, das wesentlich auf die

Ukraine abzielt, es tritt stets dafür ein, dass die EU und die NATO der Ukraine unmissverständlich Beitrittsperspektiven öffnen, es hält seine Ostgrenze für die Ukrainer so offen, wie es bei strengen Schengen-Regelungen nur möglich ist, und vieles mehr. Mit anderen Worten: Die polnische Außenpolitik spricht sich seit 1991 konsequent für die Unabhängigkeit und die westliche Zukunft der Ukraine aus, auch wenn diese Linie in vielen Kreisen der polnischen Gesellschaft auf nachvollziehbares Unverständnis und manchmal sogar Ärger stößt.

Die Außenpolitik Polens nach dem Kommunismus folgt somit gewissermaßen der föderalen Konzeption Józef Piłsudskis, mit dem „kleinen" Unterschied, dass diesmal Polen und die Ukraine nicht mehr eine Föderation bilden, sondern der bereits bestehenden Europäischen Föderation – der EU – beitreten sollen. So wie der EU-Beitritt Polens Deutschland eine „strategische Tiefe" gegenüber Russland gegeben hatte, so erhofft sich Polen seit Piłsudski von einer europäischen, starken und stabilen Ukraine Sicherheit auf seiner östlichen Flanke. Nach dem Willen Polens soll Belarus in Zukunft die gleiche Rolle spielen. Bereits in den fünfziger Jahren wurden diese außenpolitischen Richtlinien für das künftige, unabhängige Polen von den polnischen Nachkriegsemigranten um Jerzy Giedroyć erarbeitet, die in Paris den wichtigsten polnischen Verlag „Kultura" gegründet und geführt haben. Es versteht sich von selbst, dass bereits damals der Verzicht auf die Wiederherstellung der polnischen Ostgrenze von 1939 formuliert wurde.

In den Jahren 2008 – 2010 schwächte die polnische Regierung Donald Tusk (mit seinem Außenminister Radosław Sikorski) die Entschlossenheit etwas ab, mit der Warschau bisher an dieser föderalen Konzeption festgehalten hatte, die manchmal nach der im 15. und 16. Jahrhundert regierenden Dynastie Polens „Jagellonen-Konzeption" genannt wird. Polen schien sich für den fernen EU-Beitritt der Ukraine nicht mehr so zu engagieren wie zuvor. Die neue Akzentsetzung der polnischen Ostpolitik entsprang dem Scheitern der „Orangen Revolution", dem *„reset"* der amerikanisch-russischen Beziehungen durch den amerikanischen Präsidenten Barack Obama, der liberalen Rhetorik des russischen „Interimspräsidenten“ Medwedew und – *last but not least* – dem Wunsch, die polnische Ostpolitik enger mit Deutschland zu koordinieren, das seit gewisser Zeit mit dem Kreml eine „Modernisierungspartnerschaft“ anstrebte. Der mit der Regierung Tusk zerstrittene Staatspräsident Lech Kaczyński, der gemäß der Verfassung in der Außenpolitik mitreden darf, setzte dagegen auf Kontinuität. Während des Georgien-Krieges im August 2008 schloss er sich mit vier Staatsoberhäuptern aus der Ukraine und baltischen Staaten zusammen und flog mit ihnen nach Tiflis, wo er vor versammelter Menge davor warnte, dass die ausbleibende Reaktion des Westens auf den russischen Einmarsch in Georgien eine russische Aggression gegen die Ukraine, die baltischen Staaten und Polen heraufbeschwören könnte.

Das vollständige Scheitern des außenpolitischen Experiments der Regierung Tusk, die Polen weder eine dauerhafte Verbesserung der Beziehungen mit Russland noch eine Entlastung von seinem Ukraine-Engagement noch eine stärkere Position an der deutschen Seite in der EU gegeben hat, wird in Warschau so schnell nicht vergessen werden. Heute weist alles darauf hin, dass das Land zur Jagellonen-Konzeption keine Alternative hat.

Bandera versus Lenin

Vor dem Beginn des russisch-ukrainischen Konflikts im Jahre 2014 belegten Meinungsumfragen, dass zwei historische Gestalten die ukrainische Gesellschaft politisch am meisten polarisierten: der im Westen populäre Stepan Bandera und der im Osten wie im Süden ebenso populäre Wladimir Iljitsch Lenin.

Weder der ukrainische Politiker und Armeeführer Simon Petlura, der im Ersten Weltkrieg eng mit Piłsudski zusammengearbeitet hatte, noch die zahlreichen ukrainischen Bürgerlichen, die im Parlament und überhaupt in der Politik der Zweiten Polnischen Republik agiert hatten, wurden während des Zweiten Weltkriegs und in den Nachkriegsjahren in der Ukraine zu Symbolfiguren des nationalen Strebens. Auch heute haben sie keine Chancen, es auf diesem Feld mit den *Banderiwtzy* („Banderisten“) genannten Anhängern Stepan Banderas aufzunehmen.

Obwohl in der Westukraine, die erst infolge des Zweiten Weltkriegs dauerhaft unter die sowjetische Herrschaft geriet, die kommunistischen Verfolgungen breit angelegt waren, hatte der ukrainische Westen „lediglich" Tausende Todesopfer zu beklagen. Es handelte sich hier nicht zuletzt um die Angehörigen der UPA-Einheiten, die seit 1944 gegen die Kommunisten gekämpft hatten und vom KGB erst ein Jahrzehnt später endgültig vernichtet werden konnten. Gewiss trägt diese antikommunistische (das heißt irgendwie auch antirussische) Ausrichtung der *Banderiwtzy* zum gegenwärtigen Bandera-Kult entscheidend bei. Bandera wurde bereits im Jahre 2007 in Lwiw ein überdimensionales Denkmal errichtet. Auch in anderen westukrainischen Orten sind zahlreiche Denkmäler, Erinnerungstafeln oder Straßennamen zu finden, die von der exzessiven Pflege der UON- und UPA-Tradition zeugen. Seit 2014 ist zudem deren Expansion ins Landeszentrum zu beobachten. In Kiew ist es mittlerweile möglich, sich öffentlich zu ihr zu bekennen, ohne auf nennenswerten Widerstand zu stoßen.

Diese Entwicklung zeugt nicht gerade vom politischen Gespür der ukrainischen Eliten. Sie ist insofern verhängnisvoll, als sie zweifellos ein immer größeres Hindernis sowohl auf dem langen Weg der Ukraine in die EU als auch zur echten Versöhnung mit Polen darstellt. Darüber hinaus ist sie eine willkommene Vorlage für die russische Propaganda. Obwohl der rechtsradikale Kandidat Oleh Tjahnybok, der den Bandera-Kult propagiert, bei den Präsidentschaftswahlen vom Mai 2014 nur 1,16 Prozent der Stimmen erzielte, ist es den Meinungsmachern des Kreml möglich, auf immer neue Bilder zurückzugreifen, die die Behauptung scheinbar belegen, die gegenwärtige Ukraine sei ein von Faschisten beherrschtes Land. Dabei wissen die meisten jener Ukrainer, die sich von der Pflege des Bandera-Kultes in ihrem Land nicht gestört fühlen, nicht, dass es sich dabei um eine totalitäre Tradition handelt.

Wie der westukrainische Bandera-Kult auf dem Unwissen über die eigene Geschichte basiert, so entsprang auch der im Zentrum, Osten und Süden der Ukraine verbreitete Lenin-Kult einer historischen Ignoranz, die ausgerechnet auf diesen Territorien erstaunen muss. Noch bevor es infolge des Zweiten Weltkrieges zur Vereinigung der ukrainischen Länder durch Stalin kam, hatten nämlich diese Gebiete ihre tragischen Erfahrungen mit dem Stalinismus gemacht. In den späten zwanziger Jahren beendete Stalin die Ukraine-freundliche Politik und ging dazu über, die ideologischen Prinzipien des Marxismus-Leninismus rücksichtslos durchzusetzen. Alleine die von ihm während der Kollektivierung der Landwirtschaft in den Jahren 1932–1933 absichtlich herbeigeführte Hungersnot brachte 3,3 Millionen der vorwiegend ukrainischen Dorfbewohner den Tod. Den „nationalen Aktionen" der Jahre 1937–1938 fielen die ukrainischen Intellektuellen zum Opfer. Mit dieser Politik sollte die sowjetische Ukraine dem Ost-West-Gegensatz entrissen werden und im sozialistischen Paradies ein für allemal ihre kulturelle Ambivalenz verlieren. Die Folge war eine Sowjetisierung des ukrainischen Volkes, deren Gründlichkeit eben nicht zuletzt daran abzulesen ist, dass es so lange die Denkmäler Lenins duldete, die auch für diese sowjetische Ukraine-Politik stehen.

Ukrainisch, tatarisch, sowjetisch, russisch?

Nach dem Tode Stalins wurde die Sowjetunion weniger repressiv. Ausgerechnet der sowjetische Parteichef Nikita S. Chruschtschow, der nach dem deutschen Angriff auf die Sowjetunion im Juni 1941 als Chef der ukrainischen Kommunisten den Befehl zur Erschießung von politischen Gefangenen (darunter viele Ukrainer) in Lemberg und den anderen polnischen Oststädten erteilt hatte, übergab der Ukraine drei Jahrhunderte nach der Unterzeichnung des Perejeslawer Vertrages die Krim. Diese „Schenkung" fügte sich insofern in die Logik der *russkij mir*, als sie die „unverbrüchliche Einheit der russischen Brüdervölker" manifestieren sollte. Sie war aber mehr als eine propagandistische Maßnahme. Die administrative Neuangliederung der Krim bot sich angesichts der fehlenden Landverbindung zwischen der Halbinsel und der russländischen Sowjetrepublik an, zumal davon ausgegangen wurde, dass die Sowjetunion ewig existieren würde. Dieser Staat war extrem zentralistisch strukturiert, sodass jede wichtige, die Krim betreffende Entscheidung ohnehin nur in Moskau getroffen werden konnte.

Die „Schenkung" der Krim fand ein Jahrzehnt nach der Deportation der knapp 190.000 Krimtataren aus ihrer Heimat nach Usbekistan und Kasachstan statt. Die in nur drei Tagen, vom 18. bis zum 20. Mai 1944 durchgeführte Maßnahme wurde offiziell als Strafe für die Kollaboration mit den Deutschen ausgegeben. Zumindest ein Viertel der Deportierten hat die für sie vorgesehenen Zielorte nicht erreicht – sie starben unterwegs. Viele kommunistische Parteioberen erhielten auf der von den Tataren komplett „geleerten" Krim Sommer- beziehungsweise Ruhestands-Domizile, weshalb die Halbinsel früher oft „sowjetisches Florida" genannt wurde. In den achtziger Jahren missachteten Krimtataren zunehmend das gegen sie verhängte Rückkehrverbot und kehrten illegal in ihre Heimat zurück. Nachdem das Verbot im Jahre 1989 aufgehoben und die Sowjetunion im Dezember 1991 aufgelöst worden war, siedelten sich auf der Krim insgesamt ca. 250.000 aus Mittelasien gekommene Tataren an. Allerdings erhielten sie ihren Besitz am Schwarzen Meer nicht zurück und mussten sich deshalb – wiederum oft illegal – in der unter Wassermangel leidenden Mitte der Halbinsel niederlassen. Anders als die stark sowjetisierten Russen zeichnen sich die Krimtataren jedoch durch Eigeninitiative aus, sodass es unter der ukrainischen Herrschaft zu einer erstaunlich dynamischen „Expansion" dieses Volkes gekommen ist. Unter den drei Hauptvölkern der Krim hat es die höchste Geburtenrate, während die Zahl der Russen seit langem kontinuierlich zurückgeht. Im Jahre 2014 stellten die Tartaren bereits 14 Prozent der Krim-Bevölkerung. *(Karte 7)*

Die erneute Einschüchterung und Verfolgung der Krimtataren begann zeitgleich mit dem Einrücken der russischen Soldaten, die wegen der fehlenden Abzeichen auf ihren Uniformen sofort als „grüne Männchen" bezeichnet wurden, im späten Februar 2014. Vor dem „Referendum" über den Anschluss ihrer Heimat an Russland am 16. März 2014 wurden beispielsweise die Häuser der Tataren von Unbekannten, die Zugang zu behördlichen Daten über die Wohnorte der Tataren-Familien gehabt haben müssen, gekennzeichnet. Die Tataren boykottierten das „Referendum", das von den uniformierten Eindringlingen mit Kalaschnikows überwacht wurde. Es war ihnen klar, dass die Besatzer sowieso die aus den Fingern gesaugten „Ergebnisse" (offiziell waren 98 Prozent der Abstimmenden für die Angliederung an Russland) benutzen würden, um die völkerrechtswidrige Annexion zu legitimieren. Von Putin angerufen, lehnte der greise Anführer der Tataren, Mustafa Dschemilew, der bereits in den sechziger Jahren in der Sowjetunion als mutiger Dissident bekannt gewesen war, die Zusammenarbeit mit dem Kreml ab. Im Gegenzug wurde er im April 2014 von den russischen Behörden daran gehindert, von einer Auslandsreise auf die Krim zurückzukehren. Auch andere Anführer der Tataren haben mittlerweile Einreiseverbot in ihr Heimatland.

Obwohl sie vom schwachen ukrainischen Staat kaum Hilfe erhielten, blieben die Tataren loyale Staatsbürger der Ukraine. Heute stehen sie unter einem starken Druck, die russische Staatsbürgerschaft anzunehmen, ohne die es für sie unmöglich ist, einer legalen Beschäftigung nachzugehen. Ihre unabhängigen Medien – Fernsehen und Presse – werden von Russland verfolgt. Zwei Dutzend ihrer Aktivisten sind bisher spurlos verschwunden. Die Russen bauen darüber hinaus eine winzige Gruppe kollaborierender Krimtataren zu einer neuen „Vertretung" dieser Volksgruppe auf, die offensichtlich das in der ukrainischen Zeit unabhängige *Medschlis*, die Exekutive der Tatarenversammlung *(Kurultai)*, ersetzen soll.

Alles in allem werden auf der Krim die Tataren und die dort noch verbliebenen Ukrainer von der *russkij mir* überrollt. Sie muss ihnen in etwa so fremd und bedrohlich vorkommen wie die 1654 nach Perejeslaw gekommene „russische Welt" den Kosaken oder wie die im September 1939 eingerückte sowjetische „russische Welt" den Bewohnern Ostpolens erschienen war.

Ein Platz in der „russischen Welt" Putins

Der erste Präsident der Russländischen Föderation, Boris Jelzin, verstand, dass die freiheitliche Entwicklung seines Vaterlandes eine Befreiung vom Marxismus-Leninismus und eine marktwirtschaftliche Umwandlung voraussetzte. Er hatte aber nicht den Mut und die Voraussicht, den Zerfall des totalitären Imperiums als Gelegenheit für eine Nationalisierung Russlands, das heißt für einen Bruch mit der imperialen Tradition der *russkij mir*, zu nutzen. Dabei bot die Entstehung der unabhängigen Staaten im russischen Westen, in Zentralasien und im Kaukasus die Chance, Russland endlich feste politische Grenzen zu setzen und die Energie der Russen auf die Verbesserung der Lebensverhältnisse im Inneren zu konzentrieren. Statt gegen die tradierten Vorstellungen seines Volkes und der russisch-orthodoxen Kirche über die „russische Welt" vorzugehen, ließ er sich mehr und mehr auf sie ein. Bereits Ende des Jahres 1992, als Russland ökonomisch noch am Boden lag, beanspruchte sein Außenminister ganz offiziell das „nahe Ausland", das heißt den postsowjetischen Raum, als die exklusiv russländische Interessensphäre.

Der Nachfolger Jelzins gibt sich wiederum dem schlichten Populismus hin, indem er die rechtsnihilistische und nach außen expansionistische „russische Welt" massiv stützt. Dabei konstruiert er sie auf eine so eklektische Art und Weise, dass sie mittlerweile – obschon intellektuell niemals anspruchsvoll – schlichtweg absurd geworden ist. Er führte die in der Ära Jelzins abgeschaffte Paukenschlag-Musik der Stalin'schen Sowjethymne wieder ein, der er einen neuen, inhaltsleeren Text verpassen ließ. Er behielt die in den Neunzigern eingeführte Trikolore bei, die mit den russländischen Demokratiehoffnungen Anfang der neunziger Jahre assoziiert wird, während er gleichzeitig das zaristische Wappen zurückholte. Putin scheint sich mit diesem symbolischen Durcheinander alle Optionen offen zu halten. Der Preis dafür ist, dass die *russkij mir* heute zugleich religiös und atheistisch ist, eine leise Kritik am Stalinismus mit der lauten Würdigung Stalins verbindet und gleichermaßen zum imperialen Russland wie zur Sowjetunion steht, die seine Vorgänger zerstört hatte. Würden die Besucher der zahlreichen offiziellen russländischen Feierlichkeiten, bei denen diese Symbolik eingesetzt wird, die Geschichte ihres Landes und ihrer Familien, von denen – statistisch gesehen – jede im Stalinismus einen Angehörigen verlor, aufrichtig zur Kenntnis nehmen, so würde keine von ihnen ohne Proteste durchgestanden werden können. Die von Putin und seinem Regime zusammengewürfelte „russische Welt“ kann folglich nicht verstanden, sondern ausschließlich gefühlt werden. Dass die erwünschten Emotionen aufkommen, dafür sorgt gegenwärtig die Staatspropaganda, die in der kriegerischen Zeit des Raubes an der Ukraine selbst dann unter den Russländern Triumphe feiert, wenn sie unglaubliche Lügen und blanken Unsinn verbreitet.

Eines von unzähligen Beispielen für diese Anpassung der Geschichtsinterpretation an die Vorgaben der gegenwärtigen *russkij mir* stellt die im Januar 2015 von Russlands populärstem Fernsehsender, dem Ersten Russländischen Fernsehen, ausgestrahlte, lange „historische Sendung“ eines gewissen Andrej Medwedew dar, „Projekt Ukraina“. Diese Sendung versprach, zu erklären, „wie es gelungen war, ein Volk in zwei verfeindete Teile zu zerschlagen“. Nachdem sie ausgestrahlt worden war, wurde sie auf *you tube* binnen eines Monats noch knapp 900.000 Mal angesehen.

In dieser „Dokumentation“ wird die These vertreten, dass es weder die Ukrainer noch die ukrainische Sprache gebe (dafür lediglich einen „kleinrussischen Dialekt“). Wer sind also diejenigen, die sich für Ukrainer halten? Es seien jene Russen, die von den dunklen Mächten zum Ukrainisch-Sein angestiftet würden, um Russland anzugreifen. Zum ersten Mal habe der polnische Adel, in dessen Kreisen die „ukrainische Idee“ entworfen worden wäre, am Ausgang des 18. Jahrhunderts diesen perfiden Angriff gestartet. Als Ursprung allen Übels wurde in der Sendung eine Schrift des Grafen Jan Potocki von 1796 zitiert. Die ukrainische Idee wäre anschließend von den Habsburgern und später von den Amerikanern aufgenommen und zum Kampf gegen Russland instrumentalisiert worden. Wie sinnlos diese Interpretation auch erscheinen mag, sie fügt sich problemlos in die wirre „russische Welt“ von heute ein. Als solche taugt sie sehr gut dazu, den Anspruch Russland auf die Ukraine – die ganze Ukraine oder Teile davon – zu rechtfertigen. Wie die antipolnischen Filmproduktionen Stalins sollen heute derartige „Dokumentationen“ eine Zerschlagung der Ukraine rechtfertigen.

Mittlerweile sind aus Russland Pläne bekannt, aus denen hervorgeht, dass die vom Kreml stets geförderte „Föderalisierung" der Ukraine bloß einen Schritt auf dem Weg zur Aufteilung des westlichen Nachbarlandes darstellt. Ausgerechnet von Wladimir Schirinowskij erhielt das polnische Außenministerium bereits am 23. März 2014 ein offizielles Schreiben. In diesem rief der Stellvertretende Vorsitzende der Staatsduma (des Parlaments) der Russländischen Föderation die Republik Polen dazu auf, von der Ukraine die Durchführung eines Referendums über den Beitritt der fünf westlichen ukrainischen Verwaltungsbezirke zu Polen zu fordern, die vor dem Zweiten Weltkrieg Teile der Republik Polen gewesen waren. Ähnliche Schreiben gingen zeitgleich in Ungarn und Rumänien ein.

Von Lukaschenka lernen

Zunächst sah es so aus, als wäre der von Oligarchen um Boris Jelzin zum Premierminister und später zum Staatspräsidenten Russlands auserkorene Chef des Geheimdienstes FSB, Wladimir Putin, eine blasse Figur. Schnell wurde jedoch klar, dass er mit seinem Politik- und Russland-Verständnis geradezu prädestiniert ist, der in der Sowjetunion konservierten *russkij mir* neues Leben einzuhauchen.

Es gab jedoch in den russischen Nachfolgestaaten der Sowjetunion bereits vor dem Aufstieg Putins einen Politiker, der mit der geschickt inszenierten Rückkehr zur kommunistisch angehauchten *russkij mir* großen Erfolg hatte: der belarussische Staatspräsident Aljaksandr Lukaschenka. Nachdem er aus den ersten, damals noch demokratischen belarussischen Präsidentschaftswahlen im Jahre 1994 als Sieger hervorgegangen war, unterbrach er die in den Anfangsjahren der belarussischen Unabhängigkeit (1991 – 1994) unternommenen Versuche, dem neuen Staat nationalen Charakter zu verleihen. Am spektakulärsten waren in diesem Zusammenhang die Abkehr von den zuvor eingeführten historischen Staatssymbolen und die Missachtung beziehungsweise Unterdrückung der belarussischen Sprache durch den Staat.

Lukaschenka knüpft an die der *russkij mir* eigene Vorstellung des guten Despoten an, der sich im ständigen Kampf mit der unzuverlässigen Staatsbürokratie befindet, die anders als er selbst nicht dem Volk dient, sondern dieses nur ausnutzen will. Seine besondere Vorliebe gilt der öffentlichen Beschimpfung von Beamten und Bürokraten. Er pflegt zudem das Image eines vitalen Mannes, indem er an inszenierten Sportwettkämpfen im Eishockey und Skilaufen teilnimmt, aus denen er stets als Sieger hervorgeht. Als belarussischer *bat'ka* (dörflicher Familienvater) wahrgenommen, hat er die Herzen vieler Belarussen für sich gewonnen – wie auch die der Russländer, für die er jedes Jahr in Minsk eigens eine große Pressekonferenz abhält, zu der Journalisten aus Russland eingeladen werden.

Seinerzeit war er in Russland ungleich beliebter als Boris Jelzin, der im eigenen Volk als Schwächling wahrgenommen wurde, der sich von Dieben (Oligarchen und Beamten) und westlichen Politikern instrumentalisieren ließ. Das Alkoholproblem des ersten russischen Präsidenten, der zum Beispiel bei einem Berlin-Besuch einem Dirigenten den Stock aus der Hand riss, um eine ihn begrüßende Polizeikapelle zu dirigieren, oder bei einem Staatsbesuch das Flugzeug zu verlassen nicht imstande war, beschämte seine Landsleute zuweilen zutiefst. Deshalb machte sich Lukaschenka, der zu seinem russischen Kollegen ansonsten ein sehr gutes Verhältnis pflegte, sogar Hoffnungen auf das Amt des Staatspräsidenten in einer belarussisch-russländischen Union, die er eifrig anstrebte. Sie trat Ende der neunziger Jahre in Erscheinung. Aus Lukaschenkas Plänen wurde jedoch nichts. Die Union funktionierte nämlich nicht – Russland wollte nicht zahlen, ohne dafür belarussische Souveränität zu erhalten.

Für Jelzin, der nach dem Zusammenbruch des Kommunismus nach einer neuen „russischen Idee“ Ausschau hielt, war die von seinem Minsker Freund Aljaksandr wiederbelebte „russische Welt“ so attraktiv, dass es ihm nicht in den Sinn kam, das westliche Nachbarland *in between* zu belassen. Die politische Souveränität des neuen Nachbarstaates wurde derart eingeschränkt, dass beispielsweise die Armee des Zehnmillionen-Einwohner-Volkes de facto unter russischer Führung steht. Später wurde die ehemals belarussische Transitpipeline für das von Russland exportierte Öl von Putin übernommen. Als „Ausgleich" wurde der westliche Nachbar vom Kreml wirtschaftlich stets massiv subventioniert – und erwartet im Gegenzug von Lukaschenka natürlich Loyalität.

Während die Präsidenten Russlands die Quelle, aus der sie ihr korruptes und ineffizientes System speisen, in der Erde suchen, in der der russländische Reichtum lagert, ist Lukaschenka darauf angewiesen, sein System aus Russland zu speisen. Es steht ihm nicht im Sinn, das politische und wirtschaftliche System seines Landes zu reformieren, das sich noch weniger als das russländische vom kommunistischen Totalitarismus entfernt hat. Mit einer nach wie vor zentralen Planwirtschaft ausgestattet, braucht Belarus direkte und versteckte Subventionen aus Russland. Da jedoch Russland seit 2014 immer weniger abzugeben hat, begann der belarussische Autokrat im August 2015 wieder ein Spiel mit der EU, indem er alle politischen Gefangenen freiließ. Jetzt, nach erneut „gewonnenen" Wahlen des Staatsoberhauptes im Oktober 2015, wird er von der EU Geld fordern.

Die ökonomische Abhängigkeit von Russland hat zur Folge, dass Lukaschenka im Wettbewerb der schlichten Geister an der Staatsspitze gegen Putin von vornherein chancenlos ist, zumal das Staatsoberhaupt des Großen Bruders eine im postsowjetischen Raum wohl nie da gewesene Eitelkeit an den Tag legt. Westlichen Beobachtern fehlt häufig das Vorstellungsvermögen, um die Schlichtheit und zugleich Bedeutung des in beiden Ländern eingesetzten Populismus, der den bestimmenden Zug der dort herrschenden Autoritarismen darstellt, zu begreifen. Die „großartigen" Leistungen Putins im Eishockey und vor allem im Judo („schwarzer Gürtel") sowie die beinahe täglichen Rügen für Minister, Gouverneure und andere Beamte des Riesenstaates werden durch staatliche Fernsehsender ausgiebig dokumentiert. Darüber hinaus kann er auf Bilder und Filmaufnahmen verweisen, die belegen, dass er eigenhändig vom Aussterben bedrohte sibirische Tiergattungen retten, als Flieger eines Motordrachen höchstpersönlich den unter den Wolken fliegenden Kranichen den richtigen Weg weisen, als „Blueberry Hill"-Sänger den nach Russland angereisten, nicht gerade gescheit wirkenden westlichen Prominenten *standing ovations* abverlangen, als Taucher in den Tiefen der Meere antike Amphoren bergen und mit nacktem Oberkörper sowohl auf dem Pferd reiten wie auch auf Jagd gehen kann (und noch vieles mehr). Er ist darüber hinaus imstande, seine herrschaftliche Männlichkeit jederzeit mit sexistischen Witzen oder abfälligen Schwulen-Kommentaren (die auch Lukaschenka mag) öffentlich unter Beweis zu stellen.

Es gibt sicher irgendwelche Erklärung dafür, warum viele Russen – darunter erstaunlicherweise auch viele Ukrainer – Aljaksandr Lukaschenka für eine herausragende Persönlichkeit halten. Aber aus den genannten Gründen kann er es mit dem „großen Bruder" aus Moskau eben doch nicht aufnehmen. Am wenigsten wünschen sich selbstverständlich die Ukrainer einen Putin. Viele Belarussen hätten ihn dagegen gern als Präsidenten. Am meisten jedoch wünschen sich ihn seine Russländer. Die Liebe seines Volkes verdankt er jedoch keineswegs ausschließlich der Tatsache, dass er im Fernsehen zeigen kann, wozu er alles imstande ist.

Jelzin als Wegbereiter Putins

Es wäre jedoch falsch und ungerecht, den Wandel, den Russland mit dem Übergang von Jelzin zu Putin erlebt hat, ausschließlich auf die Charakterdefizite beziehungsweise auf im kommunistischen Parteiapparat oder im KGB angelernte Umgangsformen und Vorlieben der postsowjetischen Präsidenten zurückzuführen. Vielmehr muss die von ihnen jeweils erbrachte Leistung beurteilt werden, was nur dann sinnvoll möglich ist, wenn die Bedingungen berücksichtigt werden, unter denen sie jeweils handeln mussten. Diese Bedingungen waren in der Tat sehr unterschiedlich.

Jelzin hat sein Land zu einem nie da gewesenen politischen und gesellschaftlichen Pluralismus geführt, der freilich durch soziale Verwerfungen infolge des Zusammenbruchs der zentralen Planwirtschaft und der halbherzigen Einführung der Marktwirtschaft überschattet wurde. Er war zwar kein Demokrat, aber immerhin ein Reformer und Modernisierer. Als ein solcher ist ihm jener politische Erfolg vorenthalten worden, den sich (fast) jeder regierende Politiker wünscht: dass seine Zeit an den Schalthebeln der Macht in der Erinnerung seines Volkes als gute Zeit erhalten bleibt. In Russland werden die Jelzin'schen Jahre oft als die *smuta* des ausgehenden 20. Jahrhunderts interpretiert, ganz ohne helle Töne. Da die Russländer in ihrer Geschichte niemals einen echten Parlamentarismus erlebt haben, wissen sie die Tatsache nicht zu schätzen, dass beispielsweise im russländischen Finanzkrisenjahr 1998, in einem Konflikt zwischen dem Staatsoberhaupt und dem Parlament, eine dem Präsidenten nicht genehme Regierung gebildet werden konnte, weil sich alle politischen Streitparteien an die Verfassungsnorm gehalten haben. Ebenso wenig stören sich die Russländer am Zustand, in dem sich ihr Scheinparlament heute befindet: als eine vom Kreml gelenkte Abstimmungsmaschine, faktisch ohne Opposition.

Der freiheitliche Wandel der Neunziger beeindruckte also die allermeisten Bürger Russlands nicht. Das liegt freilich an der *russkij mir* und nicht am „Zerfall des russischen Staates in den Jelzin-Jahren" oder an den „sozialen Ungerechtigkeiten der Systemtransformation", die viele deutsche Kommentatoren in diesem Zusammenhang gebetsmühlenartig anführen. Denn ähnliche Phänomene gewaltiger sozialer Verwerfungen und der Dysfunktionalität der Staatsstrukturen im Postkommunismus hatte es auch außerhalb der „russischen Welt" gegeben – in Polen, der früheren Tschechoslowakei oder Ungarn. Der Autor dieser Zeilen wird niemals vergessen, wie er irgendwann im Frühjahr 1992, gut ein Jahr nach dem Beginn der radikalen Wirtschaftsreformen in Polen, nach Mitternacht auf dem Hauptbahnhof in Poznań (Posen) aussteigen musste. Überall auf dem schmutzigen und nassen Fußboden der riesigen, bestialisch stinkenden Eingangshalle lagen Menschen – es waren aber nicht die Reisenden, die auf ihren Zug warteten. Es waren Menschen ohne Dach über dem Kopf, die in Decken und dicken Mänteln eingewickelt, unter grellen Neonlichtern etwas Wärme und Schlaf suchten. Die im Jahre 2012 in Betrieb genommene Haupthalle des neuen Posener Hauptbahnhofs hingegen erinnert stark an neuere deutsche Bahnhöfe, die wegen der Ladenschlussgesetze zu parfümierten Shopping-Malls umfunktioniert wurden. Wie auch immer man in einem Land, in dem niemand Ladenöffnungszeiten und ähnliche Verbote einführen würde, auf die Idee kommt, das deutsche Bahnhof-Modell nachzuahmen – der Posener Bau schlägt die Schäbigkeit der Provinz in der „russischen Welt" hinsichtlich zivilisatorischer Standards um Längen. Denn in Polen und den anderen postkommunistischen Reformländern gab es trotz der wie in Russland manifesten „sozialen Spannungen der Transformationsperiode" den Willen, frei zu sein, die aufgezwungene kommunistisch-russische Welt ein für allemal hinter sich zu lassen und zum Westen aufzuschließen.

Putin hingegen hat alles getan, um die während der *smuta* der neunziger Jahre sichtbar freiheitliche Entwicklung Russlands aufzuhalten und sogar rückgängig zu machen. Obwohl die meisten Russen diese Politik gutheißen, ist sie auf Dauer für sein Land nicht gut, selbst wenn die Behauptung nicht von der Hand zu weisen ist, dass sich in Russland wegen seiner im Vergleich zu Zentraleuropa kulturellen Andersartigkeit Demokratie und Marktwirtschaft vielleicht erst in Jahrzehnten (oder vielleicht gar nicht) einspielen werden können.

Es ist schon ein kapriziöser Akt der Geschichte, dass Jelzin ausgerechnet einen Geist vom Schlage Putins an die Macht brachte, der kurz darauf von den unermesslich in die Höhe geschossenen Weltmarktpreisen für Öl und Gas profitieren konnte. Während der neunziger Jahre zahlte man für ein Barrel Brent-Öl rund 20 Dollar. Seit 1999 – damals war Putin unter Jelzin noch Premierminister – stieg der Preis fast kontinuierlich bis zu 140 Dollar im Jahre 2008, fiel dann auf gut 30 Dollar, um anschließend wieder stark anzusteigen und von 2011 bis 2014 das Niveau von immerhin gut 100 Dollar zu halten. Da der russische Haushalt mindestens zur Hälfte vom Öl- und Gas-Export abhängt, konnte der zweite (und auch vierte, falls man die präsidentielle Klonung Putins aus den Jahren 2008 – 2012, Dmitrij Medwedew, überhaupt erwähnen will) Präsident der Russländischen Föderation die *russkij mir*, in deren Zentrum er sich selbst positioniert hatte, beinahe nach Belieben gestalten.

Ob die Politik Putins falsch oder richtig ist, ob die Russländer zur Demokratie fähig sind oder nicht, das alles spielt so lange keine Rolle, solange der Rubel rollt. Bereits ein paar Jahre, nachdem er Präsident geworden war, muss Putin, der im Jahre 2000 noch als Wirtschafsreformer hatte gelten können (er hatte eine kluge, radikale Steuerreform durchgeführt), verstanden haben, dass es auch leichter geht. Statt Reformen, die für die Bevölkerung schmerzhaft und für seine korrupte, zur Kriminalität neigende Kamarilla unbequem gewesen wären, wollte er die notwendige Modernisierung Russlands und seine Popularität, die er am Anfang des Jahrtausends auskosten konnte, für das Geld, das plötzlich einfach so in die Staatskassen floss, erkaufen. Menschen in seinem Umfeld und die Oligarchen durften ihre privilegierte Lage ausnutzen und sich bereichern. Die übrige Bevölkerung, darunter der extrem unterentwickelte Mittelstand, hatte auch Gründe, zufrieden zu sein. Sie konnte damit rechnen, dass der Staat – der in Russland für gewöhnlich mit dem Präsidenten gleichgesetzt wird – sich anstrengen wird, damit sie gut versorgt wird. Das funktionierte sehr lange recht gut.

Warum ist Putin beliebt?

Unter Putin sind die meisten Russen so frei und reich geworden, wie sie es in ihrer Geschichte bisher niemals waren. Dafür zahlen sie einen vergleichsweise geringen Preis: Sie müssen mit der korrupten politischen Führung, die zumindest den Anschein wahrt, sich um ihr Wohlbefinden zu bemühen, auskommen. Für freie Menschen wäre dieser Preis wahrscheinlich zu hoch, nicht aber für ein Volk, das weder im zwanzigsten Jahrhundert noch früher in den Besitz von Freiheit und Wohlstand gekommen ist, geschweige denn sie auskosten konnte. Gerade nach der turbulenten und anstrengenden Jelzin-Dekade wurde das Land mit der Ära Putin in den Augen der überwiegenden Mehrheit der Russländer geradezu paradiesisch: Die Inflation ging zurück, die Löhne stiegen kontinuierlich, wichtige Infrastrukturprojekte wurden durchgeführt – das alles in den wenigen russischen Großstädten. In der Provinz, wo die meisten Russen leben, änderte sich nicht so viel, aber dort sind Ansprüche der Menschen bescheiden, und mehr Geld erhielten auch sie. Mit einer gewissen Herablassung betrachteten sie deshalb die *chochly* (in Russland verächtlich für die Ukrainer; *chochol* hat etymologisch wahrscheinlich mit dem charakteristischen Kosakenzopf zu tun), die im Winter 2004 wochenlang den gefrorenen Boden des Unabhängigkeitsplatzes in Kiew traten, um gegen den Wahlbetrug zu demonstrieren. Den Russen ging es einfach zu gut, um sich mit Wahlbetrügereien, die in ihrem Land gang und gäbe sind, zu beschäftigen.

Neben dem unerwartet schnellen materiellen Aufstieg kam Putin das Durcheinander seiner *russkij mir* zugute. In dieser Kulturwelt ist es möglich, ebenso die Zaren wie Lenin, Stalin oder Breschnew zu ehren, gleichermaßen Aleksandr Solschzenizyn wie den Kritiker des gegenwärtigen Russlands, den Schriftsteller Wiktor Jerofejew, oder gar geduldete oppositionelle Zeitungen zu lesen, ebenso wie den Patriarch Kiryll die jungen russischen Faschisten oder Nazis als Vorbilder zu nehmen. Der seit 1991 ramponierten Seele des Volkes schmeicheln zudem vom staatlichen Dopingsystem unterstützte, international erfolgreiche Sportler und Potemkinsche Dörfer wie die Olympiade in Sotschi, von spektakulären Erfolgen des Präsidenten auf internationaler Bühne ganz zu schweigen, der solche Staatsmänner wie Gerhard Schröder und Silvio Berlusconi als Freunde gewonnen und den verhassten Amerikaner Obama so oft ausgetrickst hat. „Wir sind Russland, Russland ist Putin, Putin ist großartig – wir sind großartig, wir sind wieder wer!" Die von Regierenden geschickt geschürte Selbstgefälligkeit des Volkes untermauert in jedem Land politische Stabilität. Da in Russland die Selbstzufriedenheit der Bevölkerung nach der erschütternden „*smuta* der Neunziger" aufgekommen ist, wird „Stabilität" sowohl von der Kreml-Propaganda als auch von den meisten Untertanen als der größte Erfolg des Präsidenten gepriesen.

Die Entscheidung, diese Stabilität für die Petrodollar zu kaufen, barg für das Regime keine Risiken in sich, wie es eine echte, das heißt erkämpfte und durchlittene gesellschaftliche Modernisierung nach dem Kommunismus mit sich gebracht hätte: Die mühevolle Geburt einer neuen Gesellschaft, deren Selbstbewusstsein auf das rationale Denken und Handeln ihrer Angehörigen zurückgeht. Im Westen wird eine solche Gesellschaft „bürgerlich" genannt. Sie setzt sich aus Menschen zusammen, die ihr Leben selbst bestimmen wollen und vom Staat nicht unbedingt erwarten, dass er sie dabei unterstützt, auf keinem Fall wollen sie aber von ihm dabei gestört werden. Früher oder später wollen Bürger politisch mitbestimmen. Jedenfalls sind sie selbstbewusst genug, um zu entscheiden, von wem sie regiert werden wollen.

Es gibt vielfache Hinweise darauf, dass Putin bereits in seiner Zeit als Beamter in Sankt Petersburg (1991 – 1996) korrupt war. Er ist während seiner Präsidentschaft wahrscheinlich noch korrupter geworden. Ihm muss die Erinnerung daran die Mahnung sein, dass er zu Beginn des Jahrtausends, am ersten Tag als Präsident der Russländischen Föderation das Versprechen einlösen musste, mit seinem ersten Dekret seinen Vorgänger und dessen Familie vor der Verfolgung durch die Justiz zu schützen. Diese Familie ist in den neunziger Jahren auf illegalem Wege vielleicht um einige Dutzend, vielleicht aber um einige Hundert Millionen Dollar reicher geworden. Der Patriarch war bei seinem Abgang ein gebrochener, kranker Mann, sodass man davon ausgehen konnte, dass er nicht mehr lange unter den Lebenden weilen würde.

Alles weist darauf hin, dass Putin in seiner politischen Zeit ein Vermögen angehäuft hat, das wesentlich größer ist als das der Familie Jelzin. Nach manchen, allerdings nicht belegten Schätzungen könnte es sich sogar um einige Dutzend Milliarden Dollar handeln. Gibt es jemanden, der ihm nach seinem Rücktritt als Staatsoberhaupt für sein möglicherweise noch sehr langes Leben als Athlet von Gottes Gnaden die gleiche Sicherheit garantieren könnte, wie er es mit seinem Vorgänger tat? Nein, Putin kann weder abtreten noch sich aus der Politik zurückziehen. Er muss – wie Lukaschenka, der sich auch bereichert, und darüber hinaus höchstwahrscheinlich für das Verschwinden einiger seiner politischer Gegner in den neunziger Jahren die Verantwortung trägt – jede anstehende Wahl „gewinnen". Will er nicht mit Massenrepression regieren, was er aus pragmatischen Gründen meidet, dann muss er um seine Popularität ringen. Gleichzeitig müssen Konkurrenten, die das politische Potenzial haben, ihn herauszufordern, präventiv neutralisiert werden.

Trotzdem sah er sich im Dezember 2011 unerwartet gezwungen, die Ergebnisse der gerade abgehaltenen Parlamentswahlen drastischer als üblich fälschen zu lassen, um die dramatischen Verluste seiner „Einheit", der Partei „der Ganoven und Diebe", wie sie in Russland dank dem oppositionellen Blogger, Korruptionskritiker und Politiker Aleksej Nawalny genannt wird, zu verstecken. Eine darauf folgende Protestwelle, die in Moskau ausgerechnet von Angehörigen der jungen russischen Mittelklasse angeführt wurde, drohte die neuerliche Ämterrochade mit seinem Premierminister zu gefährden, die er für die Präsidentschaftswahlen im März 2012 geplant hatte. In einem Land, in dem – wie der vor einigen Jahren verstorbene liberale russische Politiker Jegor Gajdar zu sagen pflegte – „Wahlen in der Provinz und Revolutionen in der Hauptstadt" gewonnen werden, müssen 50.000 in der Nähe des Kremls versammelte Demonstranten sehr ernst genommen werden, obwohl diese Zahl in einer Stadt, die 15 Millionen Einwohner hat, nicht beeindruckt. Seinem Sieg bei den Präsidentschaftswahlen Anfang März 2012 ließ Putin deshalb eine drastische Verschärfung der Gesetze folgen, die die Arbeit der in seinem Land rachitischen Zivilgesellschaft regulieren.

Seine tatsächlichen Popularitätswerte fielen in den ersten Monaten des Jahres 2012 zuweilen unter 50 Prozent. Obwohl dieser drastische Rückgang ihm keinen gefährlichen Herausforderer bescherte, sah es so aus, als ob er die von ihm enttäuschte und betrogene Mittelklasse ein für allemal verloren habe. Offenbar traf er aber mit der Annexion der Krim und der von seinen Propagandisten erzeugten Kriegsstimmung nicht nur den Nerv seiner Untertanen, sondern konnte darüber hinaus die Gefühle der von seiner Politik bisher bitter enttäuschten russischen Bürger für sich mobilisieren. Seit März 2014 wird er trotz des inzwischen merklich zurückgegangenen Lebensstandards und der sich stets verschlechternden Wirtschaftslage kontinuierlich von gut 80 Prozent seiner Landsleute unterstützt.

Gewiss, diese außergewöhnlich hohen Popularitätswerte werden nicht ewig anhalten. Sie belegen aber unmissverständlich, dass die meisten Russländer hinter dem Unrecht stehen, das Russland der „brüderlichen" Ukraine angetan hat. Damit übernehmen sie eine Mitverantwortung, der sie sich ebenso wenig werden stellen wollen wie etwa die Deutschen, die bedenkenlos und stolz den Raubzügen ihres Führers – beginnend mit der Zerschlagung der Tschechoslowakei – zugejubelt hatten. Die Ernüchterung kam erst nach der Niederlage. Russland wird allerdings weder heute noch in der Zukunft mit der Perspektive eines verlorenen Krieges konfrontiert sein (niemand beabsichtigt doch, es anzugreifen), was es Putin leicht macht, von der mit seiner aggressiven Politik generierten Unterstützung der Russländer lange zu zehren.

Es gibt noch einen Grund für die überschwängliche Popularität Putins in Russland: Ohne ihn würde ein Machtkampf ausbrechen und die Wahrheit über die Hintergründe und Folgen seiner Politik bekannt werden. Es gibt niemanden, der die damit verbundene Delegitimierung des ohnehin schwachen Staates, dessen Zusammenhalt vor allem der Person Putin zu verdanken ist, aufhalten könnte. Aus diesem Grund ist nicht damit zu rechnen, dass der Staatspräsident durch eine Palastrevolte gestürzt wird. Heute ist Putin unersetzlich. Er wird alles daransetzen, dass es so bleibt.

Eurasische Union

Dem belarussischen Präsidenten müssen die bei seinem ersten Putin-Besuch im August 2002 von seinem Gastgeber ausgesprochenen Worte immer noch in den Ohren klingen. Da das Bruttoinlandsprodukt von Belarus bloß drei Prozent des russländischen BIP betrage, sagte Putin während einer gemeinsamen Pressekonferenz sinngemäß, solle sich der kleinere Bruder in der belarussisch-russländischen Union nicht zum gleichberechtigten Partner aufspielen, sondern doch gleich der Russländischen Föderation beitreten. Wenn sich beide Länder anstrengen würden, wäre der Beitritt bis 2004 vollbracht.

Die Angst vor einer Bruderschaft in einer zwar von ihm selbst restaurierten, aber von Russland zum gemeinsamen Zielhafen umgebauten *russkij mir* ist groß. Diese Angst hält Lukaschenka davon ab, trotz des starken Drucks aus Moskau zu den drei Ländern aufzuschließen, nämlich Nicaragua, Venezuela und Nauru, die als die einzigen in der Welt die staatliche Unabhängigkeit von Abchasien und Südossetien anerkennen. Russland hatte diese georgischen Provinzen im Georgien-Krieg August 2008 in die „russische Welt" überführt. Ähnliche Angst muss übrigens auch der vom kommunistischen Parteichef zum islamischen Staatsoberhaupt und „Führer der Nation" mutierte Nursultan Nasarbajew haben, den der russische Staatspräsident bei seinem Staatsbesuch in Kasachstan im September 2014 öffentlich dafür lobte, auf einem riesigen Territorium, auf dem niemals zuvor ein Staat existiert hatte, einen solchen kreiert zu haben …

Russland, Belarus und Kasachstan bilden den Kern der im Jahre 2000 gegründeten Eurasischen Wirtschaftsunion (EAWU, bis 2015 „Eurasische Wirtschaftsgemeinschaft" – EAWG), zu der neben den anderen potenziellen Anwärtern (Armenien, Kirgistan, Moldova und Usbekistan) die Ukraine als das nach Russland zweitwichtigste Land hinzukommen sollte (seit 2002 hatte sie einen Beobachterstatus). Aus Russland hört man immer wieder den Vorwurf, der in Deutschland erstaunlicherweise oft für bare Münze genommen wird, dass das Assoziierungsabkommen der Europäischen Union mit der Ukraine die Integrationsinteressen der Eurasischen Wirtschaftsunion und Russlands missachte. Dieser Vorwurf entbehrt jeglicher Grundlage. Denn die Europäische Union war in Wirklichkeit immer bereit, mit Russland über die wirtschaftlichen Modalitäten ihrer Assoziierung der Ukraine zu sprechen. Von dieser Bereitschaft zeugt alleine die Tatsache, dass das mittlerweile in zwei Schritten (im März und Juni 2014) unterzeichnete Assoziierungsabkommen wirtschaftlich erst Anfang 2016 in Kraft treten sollte. Dank der Verschiebung wurde Zeit für die pragmatische Klärung aller Probleme gewonnen. Würde es sich bei der EAWU nicht um eine russländisch geführte Internationale einander misstrauender Autokraten zur Abwehr des Systemwechsels handeln, könnte man in sachlichen Verhandlungen schnell einen alle Seiten befriedigenden Kompromiss finden.

Das innerhalb der Eurasischen Union vorherrschende Misstrauen scheint größer zu sein als jenes, das die Unionsstaaten gegenüber jenen westlichen Akteuren hegen, die in der Kreml-Propaganda als die Feinde schlechthin dargestellt werden. Dieses

Misstrauen wird durch das Lavieren Lukaschenkas in der Ukraine-Krise eindrucksvoll illustriert. Er hatte sich zunächst loyal für die Annexion der Krim durch Russland ausgesprochen, und zwar mit dem schlichten „Argument", die Ukrainer hätten doch die Halbinsel militärisch nicht verteidigt. Sobald er merkte, dass der Kreml nicht nur die Krim im Sinn hat, begann er Putin ausgerechnet wegen dessen Krim-Politik zu kritisieren. Aus Angst vor Russland will sich Lukaschenka die internationale Anerkennung seines Staates sichern. Im September 2014 und Februar 2015 trafen sich Vertreter Russlands, der Ukraine, Deutschlands sowie Frankreichs und der russländischen Separatisten aus dem Donbass ausgerechnet in Minsk zu „Friedensgesprächen" über die Ukraine-Krise. Die Wahl der belarussischen Hauptstadt verbucht Lukaschenka als seinen großen Erfolg.

Obwohl diese Vermittlerrolle Belarus als unabhängigen Staat erscheinen lässt, ist sie durchaus im Sinne Putins, weil sich Minsk freiwillig in der *russkij mir* positioniert und sich, mit Unterbrechung der Jahre 2009 – 2010, in einem ernsten Konflikt mit dem Westen befindet. Der belarussische Autokrat brüskierte mit der blutigen Niederschlagung der politischen Opposition im Dezember 2010 die Europäische Union, die damals im Begriff war, ihn in seiner ökonomischen und politischen Auseinandersetzung mit Putin zu unterstützen. Da er so seinen potenziellen außenpolitischen Partner verloren hat, muss er nun in seinem eigenen Land einen Verbündeten finden beziehungsweise (mit-) kreieren, der ihm den Rücken stärkt, sollte sich der Kreml um eine Mobilisierung der in der „russischen Welt" lebenden Belarussen bemühen. Dieser Verbündete ist der belarussische Nationalismus. Wenn Lukaschenka ihn Schritt für Schritt mit aufbaut und salonfähig macht, dann kann er darauf hoffen, dass es sich Putin, der aus seinen Schwierigkeiten in der Ukraine gelernt haben wird, mehrfach überlegen wird, bevor er sich auf ein ähnliches Abenteuer in Belarus einlässt.

Der russländische Präsident wird sich bewusst sein, dass sein Land für eine militärische Expansion in die westlichen Nachbarländer im Namen der *russkij mir* nur ein knapp bemessenes Zeitfenster hat. Die Kommunisten haben es nirgendwo in ihrem

Imperium geschafft, ihre Ideologie populär zu machen, obwohl sie dafür immense Anstrengungen unternahmen und auch nicht vor der Anwendung jedes nur erdenklichen Übels zurückschreckten. Was ihnen jedoch immerhin gelang, war das Aufhalten jener natürlichen Prozesse der Nationenbildung, die sie selbst noch in den zwanziger Jahren des 20. Jahrhunderts zwar aus taktischen Gründen, aber dennoch mit durchaus beträchtlicher Wirkung unterstützt hatten.

Nationenbildung folgt Staatengründung

Diplomatisch nur scheinbar erfolgreich, bekräftigte Lukaschenka im Herbst 2014 die Souveränität seines Staates mit einer spektakulären, wenngleich im Westen in der EU kaum beachteten innenpolitischen Akzentsetzung. Zunächst hielt er für alle unerwartet eine kurze Ansprache auf Belarussisch, in einer Sprache, über die er sich zuvor häufig lustig gemacht hatte. Mehr als symbolischen Charakter hatte dagegen die darauf folgende Entscheidung, schulische Lehrprogramme in den Fächern Geographie und Geschichte zu „belaruthenisieren". Belarussische Kinder werden nun vielleicht doch die Wahrheit über das Großfürstentum Litauen erfahren, das heißt nicht zuletzt über seine großartigen Siege in Kriegen gegen Moskau.

Wird also die „russische Welt", deren Vorstellungen und Ansprüche durch das im Lande Lukaschenkas populäre russländische Fernsehen gefördert werden, mit dem sich als der Nachfolger des Großfürstentums Litauen verstehenden belarussischen Staat bald zusammenstoßen? Wird dieser Staat weniger auf belarussische Kosmonauten in sowjetischen Raumschiffen, sondern vielmehr auf seine aus der Zeit der *Rzeczpospolita* Zweier Nationen kommenden konstitutionellen, freiheitlichen und parlamentarischen Traditionen stolz sein? Unmöglich zu sagen, ob das „bald" passiert, ein Zusammenstoß ist aber unvermeidbar. Daran ändert die Tatsache nichts, dass in Belarus das Kulturerbe des Großfürstentums Litauen trotz eines zaghaften Wandels zum Besseren weiterhin verfällt. Während die russisch-orthodoxe Kirche die großzügige Unterstützung des Staates genießt, sind die belarussischen Behörden von einer angemessenen Pflege seiner westlichen Traditionen sehr weit entfernt.

Obwohl aktiver als die Belarussen, war auch die ukrainische Bevölkerung, die sich im Dezember 1991 im Unabhängigkeitsreferendum mit der überwiegenden Mehrheit für die staatliche Souveränität ausgesprochen hat und damit den Untergang der Sowjetunion besiegelte, damals auf ihren eigenen Nationalstaat überhaupt nicht vorbereitet. Sie hat sich diesen Staat weder erarbeitet noch erkämpft. Sie erhielt ihn als eine Art beiläufiges Produkt aus dem unaufhaltsamen Untergang der Sowjetunion.

Die Ukrainer hatten keine Tradition der eigenen Staatlichkeit. Zwar hatten sie im Kommunismus unermesslich stark gelitten, nicht aber wegen ihrer nationalen Arbeit für ihren souveränen Leviathan. Ihre Eliten waren am Ende des Kommunismus stark sowjetisiert, weil sie zuvor zusammen mit den Großrussen und Belarussen zu den politisch bevorzugten Völkern der Sowjetunion gehört hatten. Das Denken in Kategorien des nationalen Gemeinwohls war im ukrainischen Volk ebenfalls sehr schwach ausgeprägt. Schon eine milde staatliche Förderung der ukrainischen Sprache, die in der Sowjetunion zu einem regionalen – westukrainischen – Dialekt und zu Folklore degradiert worden war, hatte gedroht, das Land zu spalten. Gleiches schien das Russische zu bewirken, das im Westen des Landes unbeliebt war.

Es kamen noch andere, nicht primär kulturell bedingte „Kleinigkeiten“ hinzu, die eine nationalstaatliche Existenz der Ukraine erschwerten. Wirtschaftlich war sie vom Export in die Nachfolgestaaten der Sowjetunion abhängig, speziell nach Russland, weil auf dem Weltmarkt kaum jemand ihre Waren kaufen wollte. Während die Russländer für ihre Petrodollars bessere und preiswertere Produkte aus anderen Ländern beziehen konnten, die nur darauf warteten, den russländischen Markt zu erobern, war die Ukraine auf die Lieferungen der Energieträger aus Russland angewiesen. Ihre Armee und ihre Geheimdienste, aber auch ihre Wirtschaftselite orientierten sich größtenteils auf Moskau, sodass auf ihre Loyalität gegenüber dem eigenen Staat, dem auch im Ausland nicht unbedingt eine große Zukunft vorhergesagt wurde, selten Verlass war.

In den letzten Perestrojka-Jahren 1989–1991 wurde es zum ersten Mal seit den Zwanzigern möglich, laut nach dem Sinn und der Identität der ukrainischen Nation zu fragen. Die erhaltenen Antworten machten deutlich, dass sich die Ukraine in der post-Stalin'schen Sowjetunion auf die althergebrachte Ambivalenz eines Landes *in between* zubewegt hatte. Innerhalb der großukrainischen Grenzen des postsowjetischen Staates, von denen ukrainische Nationalisten am Anfang des zwanzigsten Jahrhunderts nur hatten träumen können, fanden sich Menschen zusammen, die in ihren Vorstellungen über die kulturelle und politische Zugehörigkeit ihres Landes kaum unterschiedlicher hätten sein können. Insbesondere war damals fraglich, ob es gelingen würde, die nachkommunistische Wieder- beziehungsweise Neuerfindung der südlichen und östlichen Ukraine von den gleichartigen kulturellen und emotionalen Selbstfindungsprozessen in Russland abzukoppeln. Kaum auszudenken, wie gefährlich es für die Ukraine gewesen wäre, wenn die russischsprachigen Ukrainer im Osten und Süden auch zur Putin'schen *russkij mir* gefunden hätten, die heute das kollektive Bewusstsein der Russländer dominiert.

Eine politische Nation

Wie Phönix aus der Asche erhoben sich die Nationen der Länder *in between* nach der brutalen Unterdrückung im Kommunismus. Die bloße Existenz der Nationalstaaten trägt dazu bei, dass dort eine Generation aufgewachsen ist, die nicht im wie auch immer gearteten Imperium sozialisiert werden konnte. Auch ohne großartige politische Anstrengung formieren sich folglich in den westrussischen Ländern neue nationale Identitäten, die die Vorstellungen und Mythen der *russkij mir* obsolet machen.

An dem in der Ukraine unaufhaltsamen Prozess der beschleunigten Nationenbildung ändern die historisch gewachsenen kulturellen Brüche des Landes nichts, was in Deutschland viele nicht nachvollziehen können. Die hiesige Skepsis gegenüber den Chancen der ukrainischen Nationenbildung resultiert wahrscheinlich zumindest teilweise aus der Übertragung des eigenen

Nationsverständnisses auf die Ukraine. Nicht von ungefähr wird Deutschland in der Nationen- und Nationalismus-Forschung als das Musterbeispiel des „ethnischen" („kulturellen") Nationalismus geführt, der dem Prinzip der ethnischen Reinheit (ius sanguinis) verpflichtet ist. In diesem Zusammenhang wird oft Artikel 116 des Grundgesetzes zitiert, der gemäß diesem Prinzip definiert, wer als „Deutscher" gelten darf. Die historische Erfahrung vieler anderer Nationen Europas zeigt aber, dass *nation building* mitnichten auf dem Wege des ethnisch motivierten „Kulturkampfes" erfolgen muss, der einerseits ethnische „Leitkultur" und andererseits „Integration" genannte Assimilation von ethnisch „Minderwertigen" beziehungsweise „Fremden" predigt. Es gibt durchaus bessere Wege der Entstehung einer souveränen politischen Gemeinschaft – der Nation. Das Zusammengehörigkeitsgefühl der in der Literatur „politisch" genannten Nationen wird nicht von den ethnisch-kulturellen Eigenarten und dem kulturellen Selbstverständnis des Kollektivs (eine Sprache, gemeinsame Sitten, gegebenenfalls eine Religion u. ä. m.) bestimmt, sondern es speist sich in erster Linie aus den Vorstellungen über die erhaltenswerte und förderungswürdige Qualität der eigenen politischen Gemeinschaft. Die Ukraine hat nur dann eine Zukunft, wenn die ukrainische Nation eine solche politische Nation wird. Die Chancen dafür sehen gar nicht so schlecht aus. (In diesem Sinne könnte übrigens auch die ethnisch durchaus heterogene *russkij mir* dem politischen Nationalismus der Russländer beinahe gleichgesetzt werden, wenn nicht nachvollziehbare Zweifel da wären, ob imperiale Identität nationalistisch genannt werden darf.)

Es sind die meisten Westukrainer, die offenbar die politische Nation nicht zu schätzen wissen, worin sie sich von anderen „kulturellen" Nationen Europas nicht unterscheiden. Die Betonung des Ethnischen in der Westukraine kann man teilweise als eine überzogene Reaktion auf die vergangene Russifizierung interpretieren. Das ist nur „teilweise" eine mögliche Erklärung, weil – wie bereits erwähnt – die sowjetische Herrschaft im ukrainischen Westen relativ kurz dauerte und relativ mild waltete (wenn so etwas im Kommunismus überhaupt möglich ist), jedenfalls im Vergleich zur Zentral-, Ost-und Südukraine. Die insofern „wehleidige" Wahrnehmung der eigenen westukrainischen Geschichte trägt zur Befürchtung bei, dass die ukrainische Sprache ausgerechnet im ukrainischen Staat verdrängt werden könnte. Dies bewirkt wiederum den ungeduldigen Wunsch, mittels gesetzlicher Regelungen die schnelle Ausbreitung des Ukrainischen zu gewährleisten. In einem multiethnischen Land, das im Gegensatz zu Russland den politischen Wettbewerb kennt, konnte dieser Wunsch verständlicherweise bisher nicht Realität werden. Unter den „orangen" Regierungen der Jahre 2005 – 2010 wurden zwar Gesetze verabschiedet, die Ukrainisch in Schulen und im öffentlichen Leben förderten. Übertrieben oder gar antirussisch waren sie nicht, von deren konsequenter Anwendung durch den schwachen ukrainischen Staat ganz zu schweigen. Eher trifft der Vorwurf einer Abkehr von dieser Politik und dem Einschlagen einer antiukrainischen Sprach- und Geschichtspolitik unter dem Präsidenten Wiktor Janukowytsch zu. Wie auch immer man diese Mäander der ukrainischen Sprachpolitik auch beurteilen mag, sie haben im neuen Jahrtausend zweifellos zu politischer Reibung und zu Enttäuschung des einen oder anderen politischen Lagers geführt. Der Bildung der politischen Nation der Ukrainer waren sie jedoch mitnichten abträglich.

Sobald der Angriff Russlands im Jahre 2014 Tausende Ukrainer an die Front brachte, zeigte sich, dass auch die hastig einbezogenen russischsprachigen Ukrainer zum Schutz ihres Vaterlandes auf die russischsprachigen Aggressoren zu schießen bereit waren. Diese Bereitschaft resultiert zum beträchtlichen Teil daraus, dass sie nicht so wie die Russländer regiert werden wollen, das heißt ihre politische Gemeinschaft ohne Putin gestalten und überhaupt der fremdartigen *russkij mir* fern bleiben wollen. Nicht die ethnische – religiöse oder sprachliche – ukrainische Gemeinschaft kämpft gegen Russland, sondern die politische, die sich in Richtung EU entwickeln will.

Nicht nur die Bereitschaft, für das Vaterland zu sterben und zu töten, kündet von dem Erfolg der spontanen politischen Nationenbildung der Ukrainer. Ausgerechnet diese Bereitschaft hält sich sogar in Grenzen, wie die für die Verteidigung des Landes bedrohlichen Probleme zeigen, die die Ukraine mit der Einberufung junger Männer in die Armee hat, die zu Tausenden nach Polen und in die weitere EU fliehen. Es ist übrigens eine besondere Tragödie der geschichtlich ersten im eigenen Staat aufgewachsenen ukrainischen Generation, dass sie von der verbrecherischen Kreml-Führung um ihre bis 2014 ausgesprochen friedliche Jugend gebracht worden ist. Die 45 bis 48 Millionen Bewohner zählende Ukraine (Millionen Ukrainer leben, arbeiten und studieren im Ausland, ohne emigriert zu sein) hat zahlreiche nationale Minderheiten (Russen, Rumänen, Belarussen, Krimtataren, Bulgaren, Ungarn, Polen, Juden, Armenier u.a.), von denen viele seit Jahrhunderten in ihrer Heimat als regionale Hegemonialethnien leben. Überall in der Welt stellt eine solche ethnische Vielfalt nicht nur kulturelle Bereicherung, sondern unter Umständen auch ein Konfliktpotenzial dar. Nicht anders verhält es sich in der Ukraine. Es sei in diesem Zusammenhang jedoch auf die unbestreitbare Tatsache hingewiesen, dass die Ukraine vor dem russischen Angriff keinerlei ethnische Konflikte kannte, von ethnisch motivierten blutigen Zusammenstößen ganz zu schweigen. Vor diesem Hintergrund ist die seit 2014 stattfindende spontane, häufige und friedliche Zurschaustellung der nationalen Symbolik ausgerechnet in der östlichen und südlichen Ukraine, wo sie bis 2014 selten war und oft verpönt, für die entstehende politische ukrainische Nation repräsentativer als die im Donbass kämpfenden jungen Ukrainer.

Staatliches *nation building*

Der ukrainische Staat versucht, die Spontaneität der Nationenbildung in geordnete Bahnen zu lenken, was sich in der Praxis einer stark sowjetisierten Gesellschaft als eine kaum zu bewältigende Herkules-Aufgabe erweist. Sehr behutsam müssen die Regierenden ein neues historisches Narrativ gestalten und propagieren, in dem die Ukrainer nicht als von Großrussen an der Hand geführte *Malorussy* erscheinen, die wegen ihrer Teilhabe an der „russischen Welt" vor Glück nur so strahlen. Es gibt vielleicht keinen anderen Ort in der Ukraine, wo dieser Paradigmenwechsel so deutlich abzulesen ist wie im nahe der Stadt Poltawa gelegenen Museum der Poltawa-Schlacht von 1706. Heutzutage werden dort im Unterschied zu der Konzeption und Ausstellung, die im Museum den Zerfall der Sowjetunion gut zwei Jahrzehnte lang überlebten hatten, die internationalen Zusammenhänge des Konflikts vom Anfang des 18. Jahrhundert betont. Hetman Iwan Mazepa wird dabei nicht mehr als Verräter an Russland verdammt, sondern neutral dargestellt. Durch diese neue Akzentsetzung bekam das Museum einen stärker ukrainischen Charakter, obwohl im Einklang mit historischen Tatsachen auch in der gegenwärtigen Ausstellung die herausragende Rolle in der Poltawa-Schlacht dem russischen Zaren Peter dem Großen zufällt. Das Geschichtsnarrativ des ukrainischen Staates muss insofern immer noch als ambivalent und unschlüssig bezeichnet werden – wie es sich eben für ein Land *in between* gehört.

Im Gegensatz dazu wird wohl an keinem anderen Ort der Ukraine die Beibehaltung der sowjetischen Geschichtserzählung und die Pflege der „russischen Welt“ deutlicher betrieben als in Sewastopol auf der ukrainischen Krim. Eine besondere Bedeutung spielen in diesem Zusammenhang die dort stationierte russländische Schwarzmehrflotte und der russländische Mythos des Krimkrieges von 1853–1856. Das in Sewastopol am Anfang des 20. Jahrhunderts aufgestellte, eindrucksvolle 115 Meter lange Panorama-Bild, das die Augenblicke des Kriegs veranschaulicht, sorgt für die Lebendigkeit des Mythos.

Überhaupt konnte man auf der Krim vor der russischen Besetzung im Jahre 2014 die Bemühung der Kiewer Regierungen beobachten, die ethnischen Konflikte, etwa jenen zwischen den Ukrainern und proukrainischen Krimtataren einerseits und den Russen andererseits, nur ja nicht zu schüren, was unter anderem dazu führte, dass dort auf die Verwendung der ukrainischen Sprache in der Öffentlichkeit verzichtet wurde (Schilder aller Art waren nur russischsprachig). Die Krim hat als einzige Verwaltungseinheit im ukrainischen Staat, der nicht föderal, sondern unitaristisch aufgebaut ist, sogar den Status einer „autonomen Republik“ (das ist übrigens: sowjetische Nomenklatur), mit einem eigenen Parlament, in dem nur einige ukrainische Abgeordnete vereinzelt Ukrainisch gesprochen haben. Trotz dieser ukrainischen Zurückhaltung kam es nach der Besetzung der Halbinsel durch Russland zur öffentlichen Verbrennung ukrainischer Bücher. Das alles wusste der deutsche Wirtschaftsminister und Vize-Kanzler offenbar nicht, als er sich im August 2014 die russische Forderung nach der „Föderalisierung" der Ukraine lautstark zu Eigen machte.

Nicht nur Museen, sondern auch die ukrainischen Schulbücher sind oft vom Eklektizismus der Geschichtserzählung gekennzeichnet. Die Geschichte der Ukraine wird nicht als der national motivierte Dauerkonflikt mit der „russischen Welt" gezeigt (was zum Beispiel im polnischen Geschichtsnarrativ wie selbstverständlich der Fall ist). In diesem Sinne ist die Bemühung erkennbar, die sowjetische Zeit nicht ausschließlich als die Ära der von einer fremden Macht angestrebten Vernichtung der ukrainischen Nation zu zeigen. Denn eine solche Interpretation, für die es durchaus Belege gäbe, hätte es wahrscheinlich unmöglich gemacht, Millionen der in ihrem Alltag zwischen der „russischen Welt" und dem Westen „wandernden" Ukrainer zu „politischen Ukrainern" zu machen. Wenn im vergangenen Vierteljahrhundert nicht die auf Integration aller Ukrainer abzielende, von außen betrachtet unschlüssige Politik der innen- und außenpolitischen Ambivalenz betrieben worden wäre, würde sich das Land im Jahre 2014 vielleicht gar nicht verteidigen können.

Der Eklektizismus des langsam sich entwickelnden ukrainischen Geschichtsnarrativs hat recht wenig zu tun mit dem Putin'schen Durcheinander der *russkij mir*. Denn das stellt eine Reaktion auf die freiheitliche Entwicklung Russlands der neunziger Jahre dar und führt somit in die von Unfreiheit bestimmte Vergangenheit. Die Ukraine bedient sich hingegen zuweilen unbewusst des Durcheinanders, um von der „russischen Welt" behutsam auf Abstand zu gehen. Wenn Russland in der Ukraine-Krise seine Ziele nicht durchsetzt und die Ukraine eines Tages tatsächlich ein starker Staat sein wird, ist damit zu rechnen, dass sie die Ambivalenz ihrer Geschichtserzählung eingebüßt haben wird. Sie wird sich ein neues Geschichtsnarrativ verpassen, das deutlicher als heute die westlichen Spuren ihrer Geschichte unterstreicht. Es wäre schön, wenn das ein Narrativ einer politischen Nation werden würde, in dem Stepan Bandera, der Held des integralen, ethnisch-kulturellen Nationalismus aus dem ukrainischen Westen (und aus der westlichen Diaspora der Ukrainer) keine Rolle mehr spielte. Es ist aber kaum anzunehmen, dass es dazu in absehbarer Zeit kommen wird.

Die ethnisch-kulturellen Brüche, mit denen die ukrainische Politik behutsam umgehen musste, zeigten sich den vor 2014 durch die Ukraine Reisenden schon bei der Betrachtung der öffentlichen Symbolik. Im Westen fiel der UPA-Kult auf, obwohl die meisten Denkmäler dort der wichtigsten Kulturgestalt der Ukraine, dem Dichter und Maler Taras Schewtschenko, gewidmet waren. Sie stammen noch aus der Sowjetunion. Dieser Vorzeige-Ukrainer hatte in der kommunistischen Zeit sogar in Moskau, und zwar vor dem im Stalin'schen Zuckerbaustil errichteten Hotel „Ukraina", ein großes Denkmal erhalten, womit er der sowjetischen *russkij mir* gleichsam einverleibt worden war.

Die rein kommunistische Symbolik wurde in der Westukraine gleich nach der Auflösung der Sowjetunion abgebaut – wie es kurz zuvor (1989 – 1990) in Polen geschehen war. Reiste man weiter östlich, dann brauchte man den Dnjepr nicht zu überqueren, um die ersten stehen gelassenen Lenin-Denkmäler in einer Kulturlandschaft zu finden, in der es niemand gewagt hätte, die UPA oder Bandera zu ehren. Auch die sowjetischen Schwetschenko-Denkmäler waren in der Zentralukraine zu finden. In der linksufrigen Ukraine setzte sich diese zunehmend von kommunistischer Symbolik geprägte Landschaft gen Osten fort, sodass unweit der ukrainisch-russischen Grenze, im Städtchen Nowgorod Sewerskij, das in ferner Vergangenheit das Zentrum der östlichsten administrativen Einheit der polnischen Krone gewesen war, auf einem alten Wasserturm sogar ein kleines Mosaikbild von Stalin entdeckt werden konnte, das die vom sowjetischen Parteichef Chruschtschow im Jahre 1956 eingeleitete „Entstalinisierung" unbeschadet überstanden hatte.

Mit dem Jahr 2014 hat sich in Bezug auf die Ehrung Taras Schewtschenkos nichts verändert. Die öffentliche Würdigung von Stepan Bandera drang, wie oben bereits erwähnt, nach Kiew vor, obwohl nur in Form von Demonstrationen der Rechtsradikalen. Parallel dazu verschwanden in der Ukraine fast alle Lenin-Denkmäler – bis auf die Territorien, die von Russland beziehungsweise seinen Handlangern besetzt sind (auf der Krim wird nun oft für die öffentliche Würdigung Stalins plädiert). Ihr Abbau beziehungsweise ihre Zerstörung verlief meistens spontan und ohne Zwischenfälle. Alles begann noch im Dezember 2013 mit dem „Umkippen" des vor dem berühmten „Bessarabskij Markt" im Zentrum Kiews stehenden Lenin-Denkmals. Diese spektakuläre Aktion wurde von der rechtsradikalen Partei Swoboda (Freiheit) initiiert und mit der zumindest stillschweigenden Zustimmung der überwiegend russischsprachigen Kiewer Bevölkerung durchgezogen.

Aus der Sicht Russlands war das ein Akt des „Vandalismus", der „faschistischen" Barbarei und zugleich ein unzulässiger Versuch, „Geschichte neu zu schreiben". Der Faschismus-Vorwurf hätte vielleicht sogar eine gewisse Plausibilität gehabt, wenn in den kommenden Monaten in den russischsprachigen Gegenden der Ost- und Südukraine – darunter in Charkiw – nicht Gleiches geschehen wäre, diesmal ohne die Beteiligung der Swoboda. Nicht alle kommunistische Symbolik wird freilich gleich abgebaut. Großer Popularität erfreut sich die „Ukrainisierung" der sowjetischen Denkmäler mittels deren Bemalung in Blau-Gelb. Putin hat es geschafft, beinahe die ganze Ukraine zu einer politischen Gemeinschaft zu machen, die sich mit diesen Farben nicht nur symbolisch, sondern auf Dauer von der *russkij mir* verabschiedet.

Scheinbare Unversöhnlichkeit

Die „russische Welt" mit ihrem Anspruch auf die alleinige Vertretung aller Russen (und auf noch mehr) leugnet die Ukraine als eine eigenständige Nation, weil deren Existenz die *russkij mir* demoliert. Es ist diese als tödlich empfundene ukrainische Bedrohung, die den Ideologen, „Politologen" und Philosophen der „russischen Welt" schlechthin, Aleksander Dugin, der nicht zuletzt auf die Kamarilla Putins einen großen Einfluss ausübt, zur folgenden, oft zitierten Aussage bewogen hat: die Ukrainer müsse man „töten, töten, töten, das sage ich als Professor". Die Ukrainer dürfen nicht existieren.

Ein irgendwo in Donbass kämpfender russischsprachiger Ukrainer, der auf einen von der politischen Führung Russlands militärischer Distinktionen beraubten Soldaten der russländischen Armee schießt, braucht den *kazap* (in der Ukraine verächtlich für den dummen *Rossijanin*, der wegen seines Bartes „wie ein Ziegenbock" – „*kak zap*" – aussieht) nicht einmal zu töten, um die *russkij mir* zu zerstören. Die ukrainische Wahrnehmung Russlands als der Feind kann aus der Perspektive der „russischen Welt", solange sie diese als zur selbstkritischen Reflexion unfähig erweist, eigentlich nur ein Missverständnis sein. Deshalb greift sie auf eine Lüge zurück: Der kämpfende *chochol* oder *ukrop* (Dill – ebenso verächtlich für den Ukrainer) sei ein faschistischer Irrer oder ein Söldner oder beides in einem. Nur diese Interpretation kann die *russkij mir* vor der Konfrontation mit der unerträglichen Wahrheit schützen.

Die gleiche auf Unwahrheit beruhende Deutung taugt darüber hinaus für die nach außen gerichtete Propaganda, weil sie für die in den komplexen russischen Angelegenheiten häufig ignoranten und antiamerikanisch eingestellten Außenbeobachter plausibel klingt. Der wahre Schuldige für den Krieg in der Ukraine (wie für alles Schlimme in der Welt) ist leicht gefunden: „der Amerikaner". In einer Internationale der Amerika-Hasser steigt somit Russland zu der einzigen Macht auf, die dem unbeliebten Yankee Paroli bieten kann.

Außer Onkel Sam hat die „russische Welt" andere, weniger wichtige Dauerfeinde – Wladimir W. Schirinowskij hat sie im August 2014 in einer auf der besetzten Krim gehaltenen und in Russland stark beachteten Rede benannt. Vor den von Putin eingeladenen Chefs der Duma-Fraktionen und weiteren Vertretern der politischen Elite Russlands zählte der stellvertretende Parlamentsvorsitzende „dieses verdammte Polen", das die Ukraine geschaffen hätte, sowie die baltischen Staaten, die leicht vom Boden zu löschen seien, zu den Erzfeinden Russlands. Zwar betonte der russische Präsident im Anschluss an die wirren, eigentlich skandalösen Ausführungen Schirinowskijs, dass Wladimir Wolfowitsch bloß seine privaten Meinungen vertreten hätte, fügte aber gleich lächelnd hinzu, sie würden „dennoch wunderschön erwärmen".

Aus der Tatsache, dass die Vorstellungen der „russischen Welt" mit dem ukrainischen Nationalismus unvereinbar sind, soll trotz allem nicht voreilig der Schluss gezogen werden, dass die Ukrainer und Russländer nicht friedlich mit- oder nebeneinander leben können. Das war doch gerade in der Ukraine ein Vierteljahrhundert lang der Fall. Die Existenz der ukrainischen Nation demoliert nämlich bloß die *russkij mir*, nicht die Russländer. Damit der Frieden langfristig möglich wird, muss sich zunächst die erst genannte an die Realität ihrer ukrainischen Außenwelt anpassen, was – wie der bereits fünfundzwanzig Jahre dauernde, schwierige Abschied der Ukraine von der sowjetischen „russischen Welt" beweist – sehr viel Zeit beanspruchen wird. Mit ihrem Streben in den Westen und der Abwehr des Aggressors hat die Ukraine die Großrussen immerhin endgültig auf den langen und unbequemen Weg einer solchen nationalen „Neu-Selbstdefinition" geführt. Von der Ausdauer der Ukrainer in ihrem Verteidigungskampf hängt nun ab, wann in Russland der imperiale Pfeiler der „russischen Welt" zu bröckeln beginnt. Weder die westlichen Exporte von Autos und anderem Gerät nach Russland noch die westlichen Rohstoffimporte aus diesem Land können eine vergleichbare Modernisierung, das heißt eine derart profunde „Entzauberung" der „russischen Welt", bewirken. Es ist der Widerstand der Ukrainer, der aus dem imperialen Russland – langsam, aber konsequent – einen wahrscheinlich stärker berechenbaren Akteur des internationalen Systems zu machen verspricht.

Ähnlich demolierend verspricht die ukrainische Freiheitsbewegung auf den despotischen Pfeiler der *russkij mir* zu wirken. Im Kreml wurde diese Gefahr zum ersten Mal vor elf Jahren zähneknirschend zur Kenntnis genommen. Damals gingen auf dem Kiewer Unabhängigkeitsplatz (Majdan Nesaleschnosti) Hunderttausende wochenlang auf die Straße und setzten so einen Prozess in Gang, um die postsowjetische Bevölkerung der Ukraine in eine politische Nation, die nach Westen strebt, zu verwandeln.

„Orange Revolution" 2004

Den direkten Anlass für die Orange Revolution des Winters 2004 stellte die (später nachgewiesene) Fälschung der Ergebnisse des zweiten Wahlgangs der Präsidentschaftswahlen vom 21. November 2004 dar. Der vom amtierenden ukrainischen Staatspräsidenten Kutschma und von Wladimir Putin unterstützte Kandidat Wiktor Janukowytsch, damals Premierminister, sollte den Kandidaten der vereinigten Opposition, Wiktor Juschtschenko, besiegt haben, was im krassen Gegensatz zu den Ergebnissen der Meinungsumfragen stand (die Ähnlichkeit mit dem Anlass der Moskauer Proteste von 2011/2012 ist frappierend). Es kam hinzu, dass gegen Wiktor Juschtschenko einige Wochen zuvor ein Giftanschlag verübt worden war, den er zwar knapp überlebte, der aber Spuren auf seinem Körper hinterließ.

In winterlicher Kälte begannen bereits am 22. November auf dem Kiewer Unabhängigkeitsplatz Proteste gegen die Wahlfälschung, zu denen sich einige Wochen lang die Kiewer Bevölkerung und die aus der restlichen Ukraine (vor allem jedoch aus ihrem Westen) angereisten Teilnehmer zusammenfanden. Die politischen Organisatoren der Proteste machten die Farbe Orange zum Markenzeichen der Juschtschenko-Anhänger. Diese erste Majdan-Bewegung wurde neben der politischen Opposition, in der außer Juschtschenko auch Julia Tymoschenko mit ihrem Charisma und ihrem Geld eine zentrale Rolle spielte, von westlichen NGOs finanziell und logistisch unterstützt.

Je länger die Demonstrationen andauerten, desto mehr gingen Polizei und Armee auf Distanz zum amtierenden Staatspräsidenten. Die politische Krise offenbarte aufs Neue die Spaltung des Landes, dessen östlicher und südlicher Teil mehrheitlich den Wahlsieg des Premierministers anerkannte. Aus einigen politischen Kreisen im Donbass wurden zudem, wenn auch zurückhaltend, Sezessionsdrohungen laut. Der russische Präsident hatte übrigens bereits vor der Veröffentlichung der offiziellen Wahlergebnisse Janukowytsch „zum Wahlsieg" gratuliert. Das Parlament der Ukraine, der Oberste Rat *(Werchownaja Rada)*, entzog dagegen dem Premierminister das Vertrauen. Auch das EU-

Parlament, die NATO und das *US-State Departement* erkannten die Wahlergebnisse nicht an.

Die Krise konnte nicht zuletzt dank der Arbeit von Vermittlern aus der Europäischen Union, aus Litauen, Polen, Russland und der OSZE am sogenannten Runden Tisch gelöst werden. Die Hauptrolle spielte dabei der ehemalige polnische Staatspräsident Aleksander Kwaśniewski. Zum einen brachte er Janukowytsch dazu, seine Behauptung, die Wahlen seien fair verlaufen, zu widerrufen, indem er im richtigen Augenblick hellwach in ein heftiges Wortgefecht beider Präsidentschaftskandidaten eingriff: Juschtschenko widersprach der Behauptung des Premierministers von fairen Wahlen und wies darauf hin, dass aus dem Osten des Landes, der Bastion von Janukowytsch, 700 Beschwerden wegen Wahlmanipulation eingereicht worden sind. Darauf reagierte Janukowytsch mit der Schelte des ukrainischen Westens, der zu Juschtschenko stand, und beklagte die angeblichen 7000 Beschwerden aus diesem Landesteil. Kwaśniewski nutzte die Vorlage kaltblütig aus: „Im Ergebnis haben wir also", sagte er, „7700 Beschwerden. Das bedeutet, dass die Wahlen nicht fair sein konnten". Zum anderen machte er den zentralen Vorschlag zur Lösung der Krise, auf den sich die streitenden Parteien schließlich auch einigten: Das ukrainische Oberste Gericht sollte über die weitere Vorgehensweise in der Machtfrage entscheiden, was einer in der russischen Welt nie da gewesenen Würdigung der Dritten Gewalt gleich kam. Die Parteien kamen darüber hinaus am Runden Tisch überein, mittels einer Verfassungsnovelle eine Schwächung der Machtstellung des Staatspräsidenten zugunsten des Premierministers und des Parlaments anzustreben.

Das Gericht ordnete die Wiederholung des zweiten Wahlgangs an, die am 26. Dezember 2004 Wiktor Juschtschenko den erwarteten und eindeutigen, wenngleich nicht überwältigenden Sieg brachte.

Da die postkommunistische Gesellschaft der Ukraine lediglich rudimentär organisiert und ökonomisch nicht selbstständig war (dafür ist die die Mittelschicht in der Ukraine auch heute noch zu schwach), beschränkten sich ihre „revolutionären" Aktivitäten während der Proteste darauf, Forderungen an den von mafiösen Strukturen beherrschten und ineffizienten Staat zu richten. Insofern stellte die damalige Auflehnung gegen die Wahlfälschung erst den Beginn eines langen Marsches zum Westen und zur echten Loslösung von der „russischen Welt" dar. Mit dem baldigen Entstehen einer westlichen, bürgerlichen Gesellschaft war überhaupt nicht zu rechnen. Dazu hätte es zunächst eines funktionierenden Verfassungs- und Rechtsstaates, der Autonomie von Wirtschaft und Politik, einer nicht nur sporadisch partizipationsfreudigen Bevölkerung und praktizierter Meinungsvielfalt bedurft. Von all diesen Voraussetzungen ließ sich nur die letzte schnell herbeiführen.

Trotzdem handelte es sich bei den Ereignissen des „ersten Majdan" um eine Revolution, nämlich eine nationale Revolution in dem Sinne, dass sie das Volk nachhaltig zu einer politischen Gemeinschaft veränderte. Obwohl im Winter 2004 die Wahrnehmungen der Kiewer Demonstrationen im Osten und im Westen der Republik immer noch konträr waren, gingen diese politischen Vorgänge alle Ukrainer gleichermaßen an. Die seit der Unabhängigkeit (1991) in den Sonntagsreden der ukrainischen Politiker viel beschworene ukrainische Nation wurde somit tatsächlich geboren, zumal der Kompromiss des Runden Tisches von niemandem in Frage gestellt wurde.

Die Orange Revolution weckte große Hoffnungen im ukrainischen Volk. Im Gegensatz zur Europäischen Union, wo sie begrüßt wurde, erschreckte sie aber die autoritären Nachbarregimes im postsowjetischen Raum. Denn sie fügte sich ein in die Reihe der sogenannten farbigen Revolutionen, die freiheitlichen Ansprüche der nach dem Kommunismus aufgewachsenen jungen Bürger zeigten und in Serbien wie in Georgien sogar einen erfolgreichen Regimewechsel bewirkt hatten. Deshalb waren auf dem Majdan auch zahlreiche belarussische, russische und georgische Flaggen zu sehen. Obwohl der damalige deutsche Regierungschef während der Krise über die Zukunft der Ukraine am liebsten mit seinem Freund Wladimir sprach, spürten und sahen die protestierenden Ukrainer die Solidarität der EU-Europäer, die mit ihren nationalen Fahnen auf dem Majdan „Stellung hielten".

Trotz aller internationalen Verwicklungen stellte die Orange

Revolution vor allem den Konflikt zwischen dem „orangen" Lager um Juschtschenko und Tymoschenko und dem „blauen" Lager von Premierminister Janukowytsch dar. Der Sieg Juschtschenkos ebnete jedoch den Weg zum Aufbau einer ukrainischen Demokratie, einer lebendigen Zivilgesellschaft und echter Unabhängigkeit nicht. Schuld daran war vor allem die hoffnungslos anmutende Qualität der politischen Klasse der Ukraine. Die Einheit des „orangen" Lagers wurde von politischen Kämpfen zwischen Juschtschenko und Tymoschenko unterminiert und zwar dermaßen, dass es seine Glaubwürdigkeit gänzlich verlor. Profitiert davon hat das „blaue" Lager des ehemaligen Wahlfälschers Wiktor Janukowytsch, der nach dem Sieg gegen Julia Tymoschenko im Jahre 2010 zum neuen ukrainischen Staatspräsident gewählt wurde.

Euromajdan 2013 – 2014

Als Präsident hat Janukowytsch dann viel getan, um in der Ukraine die *russkij mir* zu stärken. Wenn man sich Demokratie als ein Boot mit zwei Paddeln – dem Rechtssystem und dem politischen Wettbewerb – vorstellt, dann kannte das ukrainische Boot ähnlich dem russischen nie einen funktionierenden Verfassungs- und Rechtsstaat. Das zweite Paddel hatte sich jedoch in der vom „orangen" Lager regierten Ukraine im Gegensatz zu Russland als recht solide erwiesen. Präsident Janukowytsch versuchte, auch den politischen Wettbewerb zu zerstören. Die verständliche Enttäuschung der Bevölkerung über die „orange Regierungszeit" schien ihm bei diesem Vorhaben in die Hände zu spielen, weshalb er zum Beispiel kaum auf Widerstand stieß, als er die fügsame Justiz dazu benutzte, seine wichtigste politische Gegnerin, Julia Tymoschenko, einzusperren. Noch glatter verlief seine „Verfassungsreform", die die Ergebnisse der Orange Revolution rückgängig machte und das Verfassungsgericht, die Gerichte und die Konstitution endgültig kompromittierte.

Zugleich bereicherte sich Janukowytsch in einem atemberaubenden Tempo persönlich, wobei er das zusammen mit seinem Sohn Alexander angehäufte Vermögen von geschätzten mehreren hundert Millionen Dollar vorzugsweise in Österreich und London bunkerte. Das ohnehin in der russischen Welt verwurzelte politische System der Ukraine wurde so noch russländischer. Denn privat bevorzugt auch die politische Klasse Russlands den Westen. Das Vorbild kommt von ganz oben, und es betrifft nicht nur Geldanlagen, sondern sogar Wohnsitz: Beide Töchter Putins lebten bis 2014 in Deutschland und Holland, die Tochter des russischen Außenministers Sergej Lawrow lebte in den USA, ebenso die Sprösslinge und Ehefrauen von Dutzenden von Funktionären des russischen Regimes.

Janukowytsch vollzog zudem eine außenpolitische Wende hin zu Russland, wenngleich er (Lukaschenka durchaus ähnlich) ab und zu eine Hinwendung zur EU vortäuschte, um seinen Spielraum gegenüber Putin zu erweitern. Nur Eingeweihte deuteten das tiefe Misstrauen richtig, mit dem der Kreml auf die vom „orangen" Lager in Gang gesetzten Bemühungen um ein Assoziationsabkommen mit der EU reagierte. Im Jahre 2013 lockte Putin die Ukraine mit vermeintlichen Vorteilen eines Beitritts zu seinem Projekt einer von Russland geführten Zollunion. Um den Druck auf den westlichen Nachbar zu erhöhen, setzte er zuweilen informell Wirtschaftssanktionen ein. All das verfehlte die angestrebte Wirkung nicht.

Am 29. November 2013 traf Janukowytsch in Wilna die Entscheidung gegen das Assoziierungsabkommen mit der EU. Während der Verhandlungen soll er der deutschen Bundeskanzlerin Merkel wegen der Haltung der EU zur Ukraine vorgeworfen haben: „Ihr habt mich mit Putin allein gelassen." Der Verzicht auf die EU-Integration bedeutete für viele von seinem Regime ausgebeutete und enttäuschte Ukrainer nicht mehr und nicht weniger als das Ende aller Hoffnung auf eine bessere Zukunft für ihr Land.

Den ursprünglichen, moralischen Impuls für die Proteste des „zweiten Majdan" gab das Entsetzen über die buchstäblich knochenbrechende Brutalität, mit der die Sondereinheiten der Miliz „Berkut" (nach einer Adler-Gattung benannt) in der Nacht vom 29. auf den 30. November den Unabhängigkeitsplatz von damals nur noch wenigen protestierenden Studenten räumte. Dabei wollten die in Kiew stets warmherzig „Kinder" genannten Studenten lediglich ihren Unmut über die Entscheidung von Wilna zum Ausdruck bringen. Die Proteste begannen ähnlich wie zehn Jahre zuvor: als eine Art frostiger Karneval. Die Entschlossenheit der aus der gesamten Ukraine, wieder jedoch vor allem aus dem Westen angereisten Demonstranten überraschte alle Beobachter. Ähnlich der Orangen Revolution nahm der „Euromajdan" schnell den Charakter einer nationalen Bewegung an, und seine Symbolik zeugte davon: Die ukrainischen Flaggen überwogen auf dem Majdan des Winters 2013/2014.

Politisch wurde die Bewegung diesmal von einer Trojka der Oppositionsführer vertreten: Witalij Klitschko mit seiner Partei Udar (Schlag), Arsenij Jatzenjuk von der Partei Bat'kiwschtschina (Vaterland; deren Vorsitzende Tymoschenko saß damals noch in Charkiw im Gefängnis) und dem rechtsradikalen Oleh Tjahnybok (Swoboda). Der brachte mit seiner Partei Organisation und Schlagkraft in die Protestbewegung. Anders als bei der Orangen Revolution ließen die Anführer der Proteste diesmal einige öffentliche Gebäude besetzten. Im Haus des Kiewer Stadtrates an der zentralen Kiewer Straße Chreschtschjatik konnten viele angereiste Teilnehmer der Proteste untergebracht und versorgt werden. In anderen besetzten Häusern wurde der „harte Kern" der Demonstranten für den Fall einer Auseinandersetzung mit der Polizei bereitgehalten.

Zehn Jahre zuvor hatte das „blaue" Lager bloß einige Demonstranten aus dem Osten in die Hauptstadt gebracht. Diesmal wurde in Kiew ein regelrechter und auch so genannter „Anti-Majdan" organisiert, zu dem Anhänger Janukowytschs mit Bussen und Zügen aus dem Donbass heran gefahren wurden. Im Gegensatz zur lebendigen und fröhlichen Atmosphäre auf dem Unabhängigkeitsplatz strahlte die den Präsidenten unterstützende Versammlung, der ein großes Parkgebiet nahe des Parlaments und teilweise militärische Infrastruktur (Zelte, Garküchen) zur Verfügung gestellt wurden, eine trübe Stimmung aus. Unter den Kiewer Besuchern des „Anti-Majdans" war der hohe Anteil der sozial Schwachen augenfällig, die wegen des Gratis-Essens und offenbar gegen Bezahlung an den lustlos wirkenden Veranstaltungen teilnahmen.

Am 16. Januar 2014 wurden gegen die als „Euromajdan" bezeichnete Protestbewegung restriktive Gesetze erlassen. Entführungen von Journalisten, Folterungen von Majdan-Aktivisten, Übergriffe durch angeheuerte jugendliche Schläger *(tituschki)*, brennende Autos von Protestierenden sowie (zuerst am 22. Januar) gezielte Schüsse auf Majdan-Kämpfer (sechs bis acht Tote schon im Januar) ergänzten das Spektrum der Maßnahmen. All dies bewirkte wiederum eine Radikalisierung der Protestbewegung. Als die Staatsmacht von Schusswaffen Gebrauch machte, griffen die am Tage friedlichen Protestierenden in der Nacht zu Baseballschlägern und warfen Brandsätze sowie Pflastersteine gegen den verhassten Berkut. Immer neue öffentliche Gebäude wurden besetzt – nicht nur in der Hauptstadt, sondern auch in den westlich von ihr gelegenen Städten. Der „Karneval" wandelte sich zu einer echten Revolution.

Am 7. Februar 2014 gab das Kiewer Meinungsforschungsinstitut Socis bekannt, dass Janukowytsch im Falle vorgezogener Präsidentschaftswahlen zwar keine absolute Mehrheit, aber mehr Wählerstimmen als jeder der drei Oppositionsführer gewinnen würde. Dieser Befund belegte unmissverständlich, dass die Majdan-Bewegung für das ganze Land immer noch nicht repräsentativ war. Trotzdem begann zwei Wochen später – am 20. Februar – der bis in den darauf folgenden Tag dauernde Beschuss der Majdan-Aktivisten. An zwei Tagen wurden 98 Menschen umgebracht. Ob der Staatspräsident den Schießbefehl erteilte, ist unbekannt. Manche Analysten vermuten, dass die gewaltsame Operation von Wladimir Surkow, dem damaligen persönlichen Berater Putins, der sich seinerzeit in Kiew aufhielt, ausgelöst wurde.

Während die Scharfschützen ihre Arbeit taten, verhandelte der ukrainische Präsident unter Vermittlung der im Namen der Europäischen Union agierenden Außenminister Deutschlands, Frankreichs und Polens mit der politischen Opposition über einen Ausweg aus der mittlerweile tragischen Krise. Zwischendrin beriet er sich mehrfach telefonisch mit Putin. Kurz nachdem am 21. Februar ein Abkommen ausgehandelt und unterzeichnet worden war, das unter anderem die Durchführung vorgezogener Präsidentschaftswahlen noch im gleichen Jahr vorsah, verschwand Janukowytsch für alle unerwartet aus der Hauptstadt. Vieles weist darauf hin, dass er von seinen Sicherheitsleuten im Stich gelassen worden war, weil er sich auch dazu verpflichtet hatte, die für die Gewaltexzesse auf dem Majdan Verantwortlichen bestrafen zu lassen. Jedenfalls wandten sich einige Offiziere aus den Reihen der Sicherheitskräfte an die Abgeordneten der damaligen Opposition mit der Bitte, den Angehörigen der Berkut-Einheiten beim sicheren Verlassen der Stadt zu helfen. Der offenbar verängstigte Janukowytsch setzte sich über Charkiw und die Krim nach Russland ab, wo er – in Rostow am Don – vor Medienvertretern seinen Anspruch auf das ukrainische Präsidentenamt bekräftigte. Mittlerweile spricht kaum mehr jemand von ihm.

Gewalt und Lüge

Die Europäische Union machte Finanzhilfen für die Ukraine stets von deren Reformbereitschaft abhängig. Auch der russländische Autokrat war bereit, die Ukraine finanziell zu unterstützen, allerdings unter der Voraussetzung, dass sie keine Reformen durchführt, sondern sich in der *russkij mir* einrichtet. Da Putin mit eben diesem, aus seiner Sicht zweifellos großzügigen Angebot den ukrainischen Reformkompromiss vom 21. Februar 2014 nicht verhindern konnte, schickte er als Privatarmee verkleidete Truppen seines Heeres auf die Krim und besetzte die ukrainische Halbinsel.

Ein ehemaliger Oberst des russischen Föderalen Sicherheitsdienstes (FSB), Igor Girkin, gab in einem Gespräch für einen russischen Fernsehsender im Januar 2015 freimütig zu, bereits seit dem 21. Februar 2014 mit Spezialaufträgen auf der Krim gewesen zu sein. Er stellte darüber hinaus unmissverständlich fest, dass ohne die russländischen Truppen die Krim nicht an Russland hätte angeschlossen werden können. Unter dem Namen Igor Strelkow hatte Girkin im Sommer 2014 als zeitweiliger „Verteidigungsminister" der von Russland installierten separatistischen „Donetsker Volksrepublik" Schlagzeilen gemacht. Da er in dieser Funktion häufig vor Medienvertretern militärische Lageberichte vortrug, gilt er in Russland als ein Held. Nach der Rückkehr ins russländische Vaterland im Sommer 2014 versucht er sich – bisher erfolglos – als Politiker (er steht einer „*Noworossija*" genannten Vereinigung vor). In dieser Eigenschaft bekräftigte er im gleichen Interview seine Überzeugung, dass das „Projekt Neurussland" in der Ost- und Südukraine scheiterte, weil Russland dort im Gegensatz zur Krim nicht von vornherein reguläre Truppen eingesetzt hatte. Er mag mit dieser Einschätzung Recht haben. Denn wo die russische Armee nicht anwesend war, etwa in Charkiw, Saporischschja, Dnipropetrowsk oder Odessa, misslangen die Operationen, die eine separatistische Bewegung hätten bilden sollen. Selbst im Donbass befand sich die ukrainische Armee noch im August 2014 auf dem Vormarsch, weshalb sich Putin gezwungen sah, auch dorthin seine regulären Truppen zu schicken und so eine drohende Niederlage abzuwenden.

Das militärische Engagement Russlands offenbarte die Hauptschwäche der Ukraine: Das Land hat im vergangenen Vierteljahrhundert für die eigene Verteidigung nichts getan. Die Unverzichtbarkeit des militärischen Engagements Russlands zeigt aber zugleich, wie schwach der Kreml in diesem Konflikt aufgestellt ist. Er hat bloß die Rücksichtslosigkeit und Überlegenheit seines Heeres über die herunter gekommene ukrainische Armee (die allerdings mittlerweile wesentlich gestärkt wurde) sowie einige durch seine Propaganda sowie ihre Anhänglichkeit an die „russische Welt" verwirrte Menschen im Donbass auf seiner Seite.

Dass dem früheren KGB-Mann nichts anderes eingefallen ist, als die Separatistenstrukturen um Donezk und Luhansk nach dem Vorbild der ehemals unter sowjetischer Herrschaft stehenden Länder wie Bulgarien, Rumänien, Ostdeutschland oder Polen „Volksrepubliken" zu nennen, spricht in diesem Zusammenhang Bände. Dieser Terminus entbehrt nämlich außerhalb der kommunistischen Welt jedweden Sinns, weil in der republikanischen Staatsform im Gegensatz zur Monarchie die Macht ohnehin nur vom Volk kommen kann. Die Ideologen des Marxismus-Leninismus erfanden die „Volksrepublik" eigens zu dem Zweck, die Staatsformen jener an der Peripherie des Imperiums Ostblocks gelegenen Gesellschaften einzuordnen, die deshalb noch nicht vollständig sozialistisch waren, weil sie – im Gegensatz zu der „am weitesten entwickelten" Sowjetunion – noch Überbleibsel der bürgerlichen Schichten und Klassen enthielten. Wer heute auf diesen Begriff zurückgreift, deutet also an, dass sich Donezk und Luhansk auf dem Weg zum Sozialismus befinden. Die Putin'sche *russkij mir* hat in die Ukraine-Krise wahrlich keine einzige neue Idee eingebracht, und sie unterbietet darüber hinaus das intellektuelle Niveau der in der Stalin-Zeit entwickelten kommunistischen Ideologie um Längen.

Die Bereitschaft zur rücksichtslosen Gewaltanwendung ist die eine – zweifelhafte – Stärke Putins. Die andere ist die Lüge, und die ist bekanntlich ebenso zweifelhaft. Der Spielraum des Kremls auf dem Feld der Propaganda ist heute größer als in der totalitären Sowjetunion. Denn damals musste auf die Konformität der Propaganda mit den Dogmen der Staatsideologie geachtet werden, die es heute in dieser Form nicht mehr gibt. Die im Ukraine-Konflikt vorsätzlich verbreiteten Unwahrheiten der russischen Propaganda sind deshalb derart zahlreich und ungeheuerlich, dass es unmöglich ist, hier näher auf sie einzugehen.

Obwohl Lügen kurze Beine haben, gibt es selbstverständlich auch außerhalb Russlands Menschen, die an sie glauben, oder zynisch den von Russland vorsätzlich verbreiteten „Wahrheiten" gleichgültig gegenüberstehen beziehungsweise sie zum eigenen Vorteil nutzen. Sie stellen eine besonders willkommene Zielgruppe der zentralistisch organisierten Kreml-Propaganda dar, die seit gut einem Jahr auf vollen Touren arbeitet. Ihre Hauptgestalten sind wohl bekannt, weil sie wie Dimitrij Kisseljow und Wladimir Solowjow ihre eigenen Sendungen in russischen Medien haben. Es gibt unter ihnen übrigens Menschen, die früher eine antikommunistische oder sogar demokratische Gesinnung an den Tag legten. Mittlerweile sind sie aber bereit, mit ihren Namen jede „Wahrheit" zu signieren. Voraussetzung dafür ist, dass sie sich zum gegebenen Zeitpunkt als nützlich erweist, das rechtsnihilistische politische System und die Expansion Russlands zu legitimieren. Sie sind die Ziehväter eines „Journalismus", der den moralischen Nihilismus predigt und zugleich nutzt. So kann es beispielsweise dazu kommen, dass in den russländischen Staatsmedien den ukrainischen Juden, die zu ihrem Staat stehen, die Verantwortung für das in der Ukraine angeblich bevorstehende Genozid an Juden angelastet wird. So können „Fernsehberichte" über die angebliche Kreuzigung eines ostukrainischen Kindes oder sonstige durch die „ukrainischen Faschisten" an Zivilisten im Donbass begangene Morde gesendet werden, die mit bezahlten, im wahren Leben gescheiterten Akteuren gedreht worden sind. So ist es möglich, dass während inszenierter Fernsehdiskussionen über aktuelle politische Fragen „der bekannte deutsche Russland-Experte in Berlin", nämlich „Sascha" Rahr, angerufen wird, der dem russländischen Publikum zusichert,

Deutschland werde auf die Annexion der Krim durch Russland wie auf jene der georgischen Provinzen im Jahre 2008 reagieren: zunächst mit ein bisschen Aufregung, dann mit Vergessen.

Auch die Arbeit der russländischen Trolle im Internet ist gut organisiert. Jedenfalls lässt ein in einer russischen Zeitung publiziertes Interview mit der ehemaligen Mitarbeiterin einer an der Sawuschkina Str. 55 in Sankt Petersburg ansässigen „Medienholding" darauf schließen. Dieses Unternehmen versorgt die ukrainischen Internauten mit präparierten Informationen und verschickt Spam-Emails in großem Stil. Für die Zusammenstellung und Verbreitung von „news" sorgen allein dort mehrere gut bezahlte Beschäftigte der offiziell als „Föderale Informationsagentur" auftretenden „Holding", die sich in der Ukraine wiederum als „Charkiwer Informationsagentur" ausgibt.

Weil die meisten Russländer die Krim-Annexion bejubelten und laut von Neurussland träumten, ist Putin jetzt legitimiert, jeden Russen, der in der „russischen Welt" nicht leben will, durch seine fügsamen Medien als Verräter abzustempeln beziehungsweise durch seine fügsame Justiz verfolgen zu lassen. Augenblicklich braucht er das wegen hoher Zustimmung zu seiner Politik selten zu tun. Er macht sich sicherlich trotzdem um seine Machtstellung Gedanken, wovon nicht zuletzt der Umstand zeugt, dass er seit Dezember 2014 seinen bekanntesten Kritiker, Aleksej Nawalnyj, mit einem fingierten Gerichtsverfahren zu neutralisieren versucht, bei dem Sippenhaft praktiziert wurde: Der Bruder von Nawalnyj erhielt eine jahrelange Freiheitsstrafe. Es kann kein Zweifel daran bestehen, dass der Präsident gegen die Kritiker seiner Politik massiv Repression einsetzen könnte, zumal selbst der Ende Februar 2015 in Moskau am oppositionellen Politiker Boris Nemzow begangene Mord die meisten Russländer nicht zu erschüttern vermocht hat.

Verloren und verspielt

Für einen Reformer und Modernisierer ist die Lage, in der sich der russische Staatschef heute befindet, traumhaft: Es gibt eine mit dem Fall der Ölpreise verbundene Krise in seinem Land, die alle

Schwächen der russischen Wirtschaft offenbart und zeitgleich die beinahe uneingeschränkte Unterstützung des Volkes für das Staatsoberhaupt generiert. Putin tut so, als würde er diese außergewöhnlich günstigen Bedingungen tatsächlich dazu nutzen, sein Land zu reformieren und modernisieren. Er kündigt an, den produktiven Wirtschaftssektor auszubauen, damit Russland kein Rentierstaat bleibt, der sogar Grundlebensmittel importieren muss, um die Bevölkerung zu versorgen. Diese Politik hätte freilich nur dann Erfolgschancen, wenn sie von institutionellen Reformen begleitet werden würde, mittels derer Rechtsstaatlichkeit aufgebaut und effektive Korruptionsbekämpfung durchgeführt werden könnte (Transparency International positionierte Russland im Jahre 2014 unter den „ehrlichen" Staaten auf Platz 136). Dafür wären allerdings bürgerliche Freiheiten notwendig – Freiheit der Medien, des Zusammenschlusses, der politischen Betätigung. Derartige Reformen würden jedoch den Traditionen der *russkij mir* ein Ende setzen, weshalb es in Russland nicht mal eine Spur davon gibt. Gerade das Gegenteil ist derzeit zu beobachten.

Im Herbst 2014 hat der langjährige, verdiente Finanzminister Russlands (2000–2011), Aleksej Kudrin, in einem Zeitungsartikel die Krim-Annexion gutgeheißen und zugleich einen Politikwechsel angemahnt, weshalb ihn optimistische Beobachter schon als den Nachfolger des marionettenhaften Premierministers Medwedew sahen. Da aber Putin mit seiner Politik eine einmalige Fähigkeit an den Tag legt, die innenpolitischen Entwicklungschancen, die sich in seiner Herrschaftszeit für Russland eröffnen, zu verspielen, bleibt Medwedew im Amt. Wann immer und auf welche Art und Weise Putin abtreten wird, sein Land wird der Verlierer seiner Ära sein.

Es ist nicht ausgeschlossen, dass Gleiches auf die gegenwärtige ukrainische Führung zutreffen könnte. Auch in der Ukraine kann man sich oft des Eindrucks nicht verwehren, dass die bestehenden Reformchancen nicht genutzt werden. Man hört dort dagegen, dass es nicht einfach sei, ausgerechnet während eines Krieges Staat und Wirtschaft zu transformieren. In Wahrheit bietet jedoch gerade die russische Aggression, die nur einige Randterritorien des Landes angreift, die einmalige Chance, dass Eliten und Volk beim ukrainischen Reformwerk an einem Strang ziehen. Es ist zweifellos für Petro Poroschenko, selbst ein Oligarch, nicht leicht, gegen die ausufernde Macht der Oligarchen im Lande vorzugehen. Immerhin unternimmt er im Gegensatz zu Putin einige Schritte, die Anlass zur Hoffnung geben. Er hat den Oligarchen Ihor Kolomojskyj, der sich ihm als selbstherrlicher Gouverneur von Dnipropetrowsk konsequent widersetzte, entlassen können. Er naturalisierte zudem den ehemaligen georgischen Staatspräsidenten, Micheil Saakaschwili, und ernannte ihn zum Gouverneur des wirtschaftlich wichtigen und strategisch gelegenen Bezirks Odessa, wo der in Reformen des eigenen Staates erfolgreich erprobte Politiker mit einem außergewöhnlichen Elan einen regelrechten Neuanfang versucht. Sollte Saakaschwili in Odessa Erfolg haben, könnte er vielleicht den als Reformer versagenden Premierminister Arsenij Jatzenjuk ersetzen.

Überhaupt ist die Idee richtig, reformerfahrene Politiker aus anderen Ländern zu holen, um den Korruptionssumpf, in dem sich das Land befindet, auszutrocknen (auf dem erwähnten Korruptionsindex von Transparency International wurde die Ukraine schlechter noch als Russland bewertet: Platz 140). Die vor der Ukraine liegende Aufgabe besteht in etwa darin, den alten Staat abzuschaffen und einen neuen aufzubauen, ohne die Gesellschaft auszuwechseln. Wie schwierig und komplex diese Aufgabe ist, zeigen nicht zuletzt die Versuche, die unternommen werden, um die ukrainische Straßenpolizei, deren Angehörige Bestechungsgelder ganz offen als unverzichtbare Einnahmequelle betrachten, zu reformieren. Es sind wieder einmal ehemalige georgische Politiker und Beamte, die augenblicklich versuchen, zunächst in den Großstädten aus neuen Bewerbern eine ganz neue Polizeitruppe aufzubauen, die von amerikanischen Experten ausgebildet wird. In Kiew und Odessa sind diese neuen Polizisten bereits auf der Straße. Anschließend sollen die Ordnungshüter im restlichen Land ausgewechselt werden. Während die georgischen Experten die Antikorruptionsmaßnahmen durchführen und überwachen, wurden für die Dezentralisierung des Staates Fachleute aus Polen angeheuert, wo sich die in den neunziger Jahren etablierte lokale Selbstverwaltung sehr gut bewährt hat. Ohne die russländische Aggression wären die Proteste des Euromajdans wie in den Jahren nach der Orangen Revolution höchstwahrscheinlich im Sand verlaufen, das ist heute deutlicher denn je. Der von Putin begonnene Krieg bringt der Ukraine – neben Tausenden Toten – zumindest so viele Chancen wie Gefahren.

Ähnliches gilt für die Außenpolitik des russischen Präsidenten. Selbst wenn die Ukraine den Krieg und beträchtliche Territorien an Russland verlieren sollte, wird Russland nicht Kriegsgewinner sein. Es ist einfach zu schwach, um das westliche Nachbarland zu besetzen, geschweige denn eine derartige Besetzung dauerhaft aufrechterhalten zu können. Seine territorialen Ambitionen in der Ukraine würden deshalb wahrscheinlich dort enden, wo sich das ukrainische Festland mit der Halbinsel Krim trifft. Aber selbst das von Luhansk über Donezk bis zur Krim reichende Stück Land würde Putin – zumindest zeitweilig – am liebsten formell innerhalb der ukrainischen Grenzen belassen, um so die Kosten des Wiederaufbaus der infolge seiner Politik zerstörten Territorien auf Kiew abzuschieben. Mit dieser Lösung würde er einerseits die Europäische Union, von der anzunehmen ist, dass sie der Ukraine unter die Arme greifen wird, „bestrafen". Andererseits hätte er sowohl den Landzugang zur Krim und, vermittels der politisch ihm unterworfenen Gliedstaaten der „föderalisierten" Ukraine, einen entscheidenden Einfluss auf die ukrainische Politik. Das ist wahrscheinlich das positive Szenario, mit dem Russland aus dem gegenwärtigen Krieg – nicht aber aus der Ukraine-Krise – hervorgehen könnte.

Nach dem Zerfall des Kommunismus plädierte Alexandr Solschenizyn stets dafür, die enge Einheit aller russischen Länder, und besonders jene Russlands und der Ukraine, beizubehalten. Neben dem ehemaligen Bürgermeister von Sankt Petersburg, Anatolij Sobtschak, der sich mit einer ukrainischen Krim nicht abfinden wollte, ist der ebenso mittlerweile verstorbene Schriftsteller gewiss als der Mentor Putins zu nennen, wenngleich schwerlich anzunehmen ist, dass das Staatsoberhaupt „Archipel Gulag" gelesen haben kann. Obwohl sich der russische Präsident die „russische Welt" beider Männer in Wesenszügen angeeignet und gleichsam zur Staatsräson erhoben hat, hat er die

Ukraine für Russland verloren, und zwar unabhängig davon, wie der Krieg auch ausgehen mag. Denn er hat der ukrainischen Nationenbildung einen gewaltigen Schub gegeben, die in bewusster, oft hasserfüllter Abgrenzung zur *russkij mir* stattfindet.

Russland zeigt sich heute blind dafür, dass die expansionistische Zugabe der „russischen Welt", die sich das Großfürstentum Moskau vor Jahrhunderten aneignete, längst ausgedient hat. Ohne auf sein bescheidenes ökonomisches und militärisches Potenzial zu achten, hält der Kreml am imperialen Prinzip fest, weil es in Europa nicht zu den Grenzen des Großfürstentums aus dem 16. Jahrhundert zurückkehren will. Gibt aber Russland den expansionistischen Pfeiler der *russkij mir* nicht auf und öffnet es sich nicht der ehrlichen Partnerschaft mit der westlichen Welt, wird es sich einerseits Schritt für Schritt zum – wie es Zbigniew Brzeziński formulierte – „Vasallen Chinas" entwickeln. Im Jahre 2014 wurde China in der Tat auf dem Energiesektor (durch Gasexporte) und dem Finanzsektor (durch Stützung des im Dezember 2014 im freien Fall begriffenen Rubels) zum Schlüsselpartner Russlands. Andererseits wird es darauf angewiesen sein, die Kriegsstimmung zu erzeugen, die nicht nur auf die Ukraine, sondern überhaupt auf die Außenwelt abstoßend wirkt. Wenn amerikanische Versuche scheitern, mit militärischen Mitteln Werte der westlichen Welt in fremde kulturelle Kontexte zu exportieren, betrachten die USA den angerichteten Schaden und ändern ihre Politik, ohne sich selbst in Frage zu stellen. Das Putin'sche Desaster zieht dagegen die russische Identität mit in den Abgrund. Das ist übrigens der größte Gewinn seiner Politik.

Mit seiner politischen Kurzsichtigkeit, die medial von einer merkwürdig anmutenden Eitelkeit eines entschlossen handelnden Machers bloß überdeckt wird, scheint sich Putin in eine schier ausweglose Lage hineinmanövriert zu haben. Wenn er von der *russkij mir* abrückt, wird er in Russland Popularität und damit wahrscheinlich auch die Macht verlieren. Der Machtverlust würde angesichts der Verbrechen seines Regimes für ihn persönlich böse Konsequenzen haben. Wahrscheinlich würde er ihn in dem System, das er selbst aufgebaut hat, nicht überleben. Wenn er wiederum an der russischen Welt festhält, dann wird er Russland langsam aber sicher in eine neue *smuta* führen: ökonomisch schwach und von China zunehmend abhängig, in der Welt geächtet, einer gestärkten NATO gegenüber stehend, die bereits dabei ist, Maßnahmen zum Schutz der baltischen Staaten und Polens zu treffen, und einer EU, die zunehmend Verantwortung für die Ukraine übernimmt. Er hat es sogar so weit getrieben, dass in der EU laut über die Aufstellung einer europäischen Armee debattiert wird. Putin: ein rücksichtsloser Vabanque-Spieler, der die EU auseinanderspielen wollte und ihr stattdessen einen frischen europäischen Geist einhauchte?

EU-ad-hoc-Außenpolitik

Gewiss zeigt sich die Europäische Union, die über demokratisch legitimierte und effiziente außenpolitische Institutionen nicht verfügt, angesichts der historischen Herausforderung, die die Ukraine-Krise darstellt, überfordert.

Das institutionelle Manko der Europäischen Union auf dem außenpolitischen Feld wird weder in Deutschland noch in anderen EU-Ländern thematisiert. Das erstaunt sehr, weil die Schwächen des seit dem Lissaboner Vertrag von 2009 existierenden Amtes des Außenbeauftragten der EU schon vor der Krise augenscheinlich waren. Während des „zweiten Majdans" bemühte sich Catherine Ashton, die damals dieses Amt innehatte, in Kiew anwesend zu sein und die Solidarität der Union mit der Protestbewegung kundzutun. Sobald die Europäische Union eine politische Vermittlungsaufgabe zwischen den ukrainischen Streitparteien übernahm, verschwand jedoch die „Hohe Vertreterin der Europäischen Union für Außen- und Sicherheitspolitik" von der Bühne der europäischen Ukraine-Politik. Die Vollmachten ihres Amtes reichten nämlich für die Ausführung eines derart wichtigen politischen Auftrags nicht aus. Zu diesem Zweck belebten die Außenminister Deutschlands, Frankreichs und Polens das eigentlich verstorbene Weimarer Dreieck wieder, das eine Art Konsultationsgremium darstellt und früher dazu gedient hatte, Polen bei seinem Weg in die EU zu begleiten. Die europäischen Schwergewichte Deutschland und Frankreich sorgten dafür, dass die Entscheidungen des Dreiecks im Ukraine-Konflikt die Rückendeckung des Europäischen Rates, das heißt der anderen EU-Staaten hatten. Sie arbeiteten mit dem wirtschaftlichen *shooting star* der EU und Ukraine-Kenner Polen eng zusammen. Das ökonomisch seit Jahren schwächelnde Frankreich, das bekanntlich vor allem an der Südflanke der EU großes Interesse zeigt, hielt sich in der Praxis der Verhandlungen zurück. De facto führte deshalb das deutsch-polnische Duo Frank-Walter Steinmeier und Radosław Sikorski die EU-Diplomatie auf diesem Feld an.

Direkt nach der Annexion der Krim durch Russland im Februar-März 2014 agierte die EU überrascht und machtlos. Wer weiß, ob Putin es gewagt hätte, den hybriden Krieg im Donbass zu beginnen, wenn damals schon Sanktionen gegen sein Regime, die den Namen verdienen, beschlossen worden wären. Statt einer entschlossenen Reaktion der EU entstand jedoch der Eindruck, die Union erwarte von den USA, in der Krise die Hauptrolle spielen. Da sich die Vereinigten Staaten aber schon seit Jahren außenpolitisch vor allem auf den pazifischen Raum konzentrieren, blieb es bei einigen rhetorischen Seitenhieben von Präsident Obama gegen Russland, das er abwertend eine „Regionalmacht" nannte. Das Budapester Memorandum vom 5. Dezember 1994, aus dem hier zitiert wird, hätte er offenbar am liebsten vergessen: *"The United States of America, the Russian Federation, and the United Kingdom of Great Britain and Northern Ireland, reaffirm their commitment to Ukraine, in accordance with the principles of the CSCE Final Act, to respect the Independence and Sovereignty and the existing borders of Ukraine."* Dieses amerikanische Desinteresse an der Ukraine bewirkte, dass die Westeuropäer zurück ins Spiel kamen – in einer neuen, jedoch erneut bloß informellen Konstellation.

Bei den Feierlichkeiten zum Jahrestag des D-Days im Juni 2014 entstand das sogenannte Normandie-Format. Auf russischen Druck hin ließen Deutschland und Frankreich Polen fallen; beide vertreten seitdem die EU in den Gesprächen mit der Ukraine und Russland alleine. In diesem Vierer-Format wurden die zwei Abkommen von Minsk ausgehandelt, die für eine Lösung des Konflikts sorgen sollten. Bei der zweiten, von Russland gleich nach der Unterzeichnung mehrfach verletzten Vereinbarung vom 12. Februar 2015 war nicht mehr Steinmeier, sondern Angela Merkel federführend. Die deutsche Regierungschefin wurde vom französischen Staatspräsidenten François Hollande begleitet, der sich erst im Oktober 2014 endlich dazu durchgerungen hatte, die Auslieferung von zwei durch Russland bestellten, 1,2 Milliarden Euro teuren Hubschrauberträgern („Mistral") auszusetzen, die offensichtlich in der ukrainischen Stadt Sewastopol auf der Krim stationiert werden sollten (mittlerweile ist dieser Verkauf ganz storniert). Angesichts des Einsatzes von informellen diplomatischen „Formaten" zur Krisenlösung nimmt kaum jemand den Umstand zur Kenntnis, dass seit November 2014 die neue Außenbeauftragte der EU Federica Mogherini heißt.

Es ist klar, dass die Verantwortung für die Politik der EU in der Ukraine-Krise beim Europäischen Rat liegt, das heißt in den Jahren 2014–2015 de facto bei Angela Merkel. Es ist darüber hinaus klar, dass dies eine bloß informelle Verantwortungszuweisung ist und dem derzeitigen wirtschaftlichen Gewicht Deutschlands innerhalb der EU entspringt, die immer noch mit ihrer Verschuldungs- und Flüchtlingskrise ringen muss. Alles in allem ist offensichtlich, dass es sich bei der Führungsrolle Deutschlands um eine von augenblicklichen Machtverhältnissen in der EU bestimmte Notlösung handelt. Obwohl all das von einer soliden Basis für die Außenpolitik eines wirtschaftlichen Kolosses weit entfernt ist, den die EU mit ihrem Bruttoinlandsprodukt zweifellos darstellt – 2014 fast 14 Billionen Euro, also gut sieben Mal höher als jenes Russlands – kann von Glück gesprochen werden, dass die Union in dieser schwierigen Zeit überhaupt eine Führung hat.

Die ausbleibende institutionelle Verankerung der Politik der Europäischen Union gibt Russland die Chance, die EU-Staaten gegeneinander auszuspielen. Der Kreml versucht es sowohl bei politischen Leichtgewichten wie Griechenland, Österreich, Ungarn, der Slowakei, Tschechien und Zypern als auch bei Deutschland, Italien und Spanien, die einzelnen Staaten zu einer unsolidarischen, antiukrainischen Politik zu bewegen, indem er ihnen wirtschaftliche Vorzugsbehandlung verspricht. Angesichts ihrer institutionellen

Beschaffenheit zeigt sich die EU erst dann entscheidungs- und handlungsfähig (geeint), wenn Russland auf nicht mehr zu übersehende Art und Weise gegen Normen, Verträge oder Gebote der Menschlichkeit verstoßt. Selbst die brüchige Einheit der EU-Staaten, die heutzutage benötigt wird, um ernst zu nehmende Wirtschaftssanktionen wegen der „kriminellen und völkerrechtswidrigen Annexion der Krim" zu verhängen – in den Worten Angela Merkels, öffentlich ausgesprochen im Mai 2015 in Anwesenheit Putins in Moskau –, war erst nach wochenlangem Zögern zustande gekommen. Dazu bedurfte es tragischerweise des Todes von 298 Menschen (die meisten davon EU-Bürger), die am 17. Juli 2014 im malaysischen Passagierflugzeug MH17 saßen. Das wurde wie mittlerweile bekannt ist – nicht nur vom russisch kontrollierten ukrainischen Territorium aus, sondern auch mit einem aus Russland herbeigeführten BUK-Raketenwerfer und – wie eine Recherche von „Der Spiegel" ergab – von russischen Soldaten abgeschossen.

Die Sanktionen fallen bis jetzt unverhältnismäßig moderat aus, weil jede EU-Regierung, die sie mittragen muss, darauf aus ist, die eigenen ökonomischen Folgekosten der getroffenen Strafmaßnahmen zu minimieren. Zudem ist nirgendwo die Bereitschaft vorhanden, die eigene Verstrickung in die finanziellen Machenschaften der wichtigen russländischen Akteure, die ihr zumindest teilweise mit krimineller Energie angehäuftes Vermögen im Westen deponiert haben, bekannt zu machen.

Unsichere Führungsmacht

Das besagte institutionelle Defizit der EU hat zur Folge, dass die angesichts der außergewöhnlichen Bedeutung der Ukraine-Krise für die Zukunft Europas belanglosen, jeweils nationalen politischen Konstellationen, Interessen und Lobbyisten unzulässigerweise direkten Einfluss auf jene Entscheidungen nehmen, die die Union als Ganzes betreffen. Das gilt im besonderen Maße für die gegenwärtige Führungsmacht der EU, wo man leider sehr leicht den Eindruck gewinnen kann, dass Exporte von Luxusautos nach Russland wichtiger sind als die unabhängige Ukraine. Während die Sanktionen gegen Russland immer noch gelten, unterzeichnen große deutsche Unternehmen erneut einen Nord-Stream-Vertrag mit Gazprom, der einerseits die Bedeutung der Ukraine als Transitland für das russische Gas schwächt und andererseits Deutschland vom unzuverlässigen Gas-Exporteur, der bereits mehrfach die Abhängigkeit anderer von seinen Rohstoffen als politische Waffe eingesetzt hat, noch weiter abhängig macht. Beachtet man zusätzlich noch das historisch gewachsene, spezifisch belastete Verhältnis Deutschlands zu Russland, das Schuldgefühle, den Wunsch nach wirtschaftlichen Geschäften, Überlegenheitskomplexe und eine jahrelang betriebene Russland-Politik der „Modernisierungspartnerschaft" ebenso einschließt wie das für diese Politik verantwortliche Personal, das sich nach der Krim-Annexion als von Putin „enttäuscht" zeigt, dann wird klar, dass Deutschland in der Ukraine-Krise kaum fähig war, von vornherein konsequent und mutig zu handeln.

Die erste auffallende Eigenschaft der deutschen Haltung gegenüber der angegriffenen Ukraine und dem Völkerrechtsbruch durch Russland ist die, dass sie sich selten aus dem Verhältnis der Deutschen zur Ukraine und zum Völkerrecht, sondern vielmehr aus der Grundeinstellung zu Russland ergibt. Damit eng verbunden ist die zweite Eigenschaft: das Desinteresse für die Ukraine, das manchmal sogar in so etwas wie Ärger darüber umschlägt, dass sie der gewohnt unreflektierten Pflege des russischen Narrativs zu Geschichte und Gegenwart Osteuropas im Wege steht. Diese zwei Eigenschaften zeugen vom Fortleben der „Russland-Zuerst"-Tradition. Die letzte der beiden ruft jedoch in der politischen Klasse wie in der Öffentlichkeit zunehmend Widerspruch hervor. Daraus resultiert das dritte, auffälligste Kennzeichen der deutschen Einstellung zur Ukraine-Krise: die Spaltung des Landes in dieser Frage, die besonders leicht an politischen Parteien und Bewegungen abzulesen ist. Grob betrachtet beziehen die meisten Grünen sowie große Teile der CDU und der CSU Position für den Angegriffenen und die Geltung des Völkerrechts. Dagegen positionieren sich die SPD, Teile der CDU und der CSU, die Linke und Pegida entweder als verkappte beziehungsweise „objektive" Unterstützer Russlands („Russland-Versteher") oder als offene Putin-Anhänger.

Das alles in allem zweigeteilte Meinungsbild der deutschen Öffentlichkeit in diesen Fragen kann vor diesem Hintergrund nicht überraschen. Nach einer Umfrage vom Anfang 2015 sprachen sich 40 Prozent der Deutschen für die internationale Anerkennung der Krim-Annexion durch Russland aus. Obwohl diese Zahl einen deutlichen Rückgang solcher Einstellungen im Vergleich zu ähnlichen Umfrageergebnissen vom Frühling 2014 markiert, blieb die Akzeptanz des Völkerrechtsbruchs nach wie vor beschämend hoch. Ebenso beschämend ist der Mitte desselben Jahres ermittelte Anteil der Deutschen, die sich im Falle des russischen Angriffs auf baltische Staaten gegen eine militärische Unterstützung der Verbündeten aussprechen: knapp 60 Prozent. Es ist verständlich, dass Nachrichten über solche Einstellungen in vielen Ländern, die ihre eigenen Erfahrungen mit Deutschland und der „russischen Welt" gemacht hatten, die Frage aufwerfen, ob die Bundesrepublik nicht im „wohl verstandenen nationalen Interesse", das von ihr für gewöhnlich merkantil definiert wird, auf Kosten des zwischen Berlin und Moskau liegenden Raumes einen Deal mit Russland schließen würde. Es ist ebenso verständlich, dass für Russland Deutschland das wichtigste Land in der Union ist: Gewinnen in der Führungsmacht der EU die Anhänger der „Russland-Zuerst"-Tradition Oberhand, ist die Union für Russland kein ernstzunehmender Gegner mehr.

Die politische Spaltung Deutschlands in der Ukraine-Frage ist nicht nur eine Folge der historischen Entwicklung, sondern auch der Versäumnisse nach dem Zusammenbruch des Kommunismus. Besonders schwer fällt in diesem Zusammenhang die Tatsache ins Gewicht, dass selbst in den als seriös geltenden Medien sich oft Sprach- und Landesunkundige mit Osteuropa beschäftigen. In den Schulen fehlt nicht nur osteuropäische Landeskunde als Lehrstoff. Es ist in diesem Zusammenhang ein großes Verdienst der Historiker Anna Veronika Wendland und Karl Schlögel, dass sie in ihren in der Zeit der Ukraine-Krise erschienenen Publikationen mit den deutschen Osteuropa-Mythen aufzuräumen versuchen, indem sie immer wieder das selbstverständliche und legitime Selbstbestimmungsrecht der Völker „zwischen Berlin und Moskau" unterstreichen. Ob es aber gelingt, zumindest den Angehörigen der politischen Klasse beizubringen, dass ein Blick auf die Karte genügt, um zu verstehen, dass Russland nicht „der wichtigste Nachbar Deutschlands im Osten“ ist, oder dass es einen wesentlichen Unterschied zwischen „russisch“ und „russländisch“ gibt, wird nicht von der Aufklärungsarbeit einiger weniger Historikern abhängen. Letzten Endes könnte nur der Erfolg der Ukraine diese Arbeit befördern.

Bis es so weit ist, wird es nur wenige Bürger der Bundesrepublik stören, dass ein ehemaliger Bundeskanzler sich offen als enger Freund Putins ausgibt und gegen Entgelt für Gazprom arbeitet. Ein anderer ehemaliger deutscher Regierungschef, Helmut Schmidt, der im Dezember 1981 öffentlich den Kriegszustand, den der sowjetische Staathalter in Polen, Wojciech Jaruzelski, über den östlichen Nachbarn Deutschlands verhängt hatte, für „notwendig“ erklärte, kann während der Ukraine-Krise in einem Interview vom Mai 2015 wagemutig seine Affinität zu *russkij mir* kundtun: Die Ukraine setze sich aus der Krim, der „allesamt katholischen“ Westukraine und der Ostukraine, „dem Gebiet der Kiewer Rus', dem einstigen Kerngebiet Russlands“, zusammen.

Nicht gut ist es zudem um die Solidarität mit denjenigen, oft namenlosen Russländern bestellt, die den mehr oder weniger direkten Widerspruch zum Regime Putin wagen: den noch verbliebenen freien Journalisten, Intellektuellen, den Müttern, die sich um ihre oft gegen ihren Willen in den Krieg geschickten Söhne kümmern, den letzten Oppositionspolitikern. Ihr Mut und ihre Bedeutung für Russland werden leider hierzulande kaum gewürdigt und verstanden. Gleich unzureichend ist die Solidarität mit dem geschundenen muslimischen Volk der Krimtataren.

Die in der EU im Jahre 2014 so mächtige deutsche Regierungschefin hat Ende April 2015 bei Gelegenheit der deutsch-polnischen Regierungskonsultationen in Warschau Putin einen „hasserfüllten Lügner“ genannt, was an die Presse gelangte. Neben allen Problemen, die es in Deutschland mit der richtigen Einschätzung des russländischen Regimes gibt, stellt diese Ächtung Putins, die Angela Merkel offenbar nicht mehr zu verbergen willens ist, eine Hoffnung für die Ukraine, für Europa und für die politische Kultur Deutschlands dar. Was wird aber aus dieser Hoffnung für die Ukraine und Europa, falls die Kanzlerin die Macht in Deutschland verliert?

Es wäre gewiss besser, wenn statt der Bundesrepublik beispielsweise das an Russland grenzende Estland die Verantwortung für die Ostpolitik der Union zugewiesen bekäme. Da jedoch der Vorschlag, jetzt nach einer geeigneten nationalen Führung für die EU zu suchen, selbstverständlich nicht ernst gemeint sein kann, sollte sich die EU mittelfristig dazu durchringen, das europäische Außenministeramt der dem EU-Parlament verantwortlichen Europäischen Kommission zuzuordnen und mit Vollmachten sowie Ressourcen auszustatten, die es ihm möglich machen würden, Entscheidungen ohne Rücksicht auf den Europäischen Rat und die darin vertretenen Regierungen zu treffen. Das würde selbstverständlich keine Garantie für die richtigen Entscheidungen, auf welchem außenpolitischen Feld auch immer, darstellen. Vielmehr geht es darum, die europäische Außenpolitik vor nationalen Einflüssen zu schützen, was zweifellos eine Steigerung ihrer Effizienz nach sich ziehen würde.

Ohne ein demokratisches politisches System und ohne politische Souveränität ist der wirtschaftliche Koloss Europäische Union mit seinen westlichen Werten kaum im Stande, dem wirtschaftlichen Schwächling Russland mit der *russkij mir* Paroli zu bieten (und überhaupt verantwortungsvoll im internationalen System zu handeln). Die demokratische Verankerung der Außenpolitik der Union würde darüber hinaus Deutschland aus der Schusslinie der oft ungerechten Kritik nehmen, die gegenwärtige Führungsmacht der EU folge in der Ukraine-Krise ausschließlich dem merkantil verstandenen Prinzip des nationalen Egoismus.

Nur hartnäckige Nationalisten können der Logik dieser Argumentation für eine souveräne europäische Außenpolitik widersprechen. Da aber der Nationalismus in der EU nach wie vor die dominierende Ideologie darstellt, thematisieren die Eliten der Unionsländer die nicht nur wegen der Ukraine, sondern auch wegen der dramatischen Griechenland- und Flüchtlingskrise nun eklatant gewordene Notwendigkeit, eine Neuordnung der Europäischen Union vorzunehmen, sehr ungern.

Der Nationalismus befördert die weitgehende Gleichgültigkeit der Bevölkerung gegenüber der Ukraine und überhaupt dem Osten des Kontinents in den meisten Ländern der „alten EU". Diese Gleichgültigkeit entlastet gleichsam die jeweilige nationale politische Klasse davon, sich in der Ukraine-Krise zu engagieren, weshalb die Verantwortung für die genuin europäische Problematik auf die Großen der Union, vor allem auf Deutschland, gern abgeschoben wird. Es verwundert kaum jemanden, dass an der Solidaritätsdemonstration, die am 22. Februar 2015, dem ersten Jahrestag der tragischen Ereignisse auf dem Majdan stattfand, bloß wenige Staatsoberhäupter aus der EU teilnahmen. Zu den wenigen Ausnahmen gehörte Bundespräsident Joachim Gauck, der mit seiner Anwesenheit an Millionen Deutsche erinnerte, die sich mit der Ukraine aufrichtig solidarisieren.

Im Gegensatz zur Pflege der nationalen Eigenständigkeit ist der „Europäismus" in der EU nicht stark ausgeprägt. Die meisten EU-Europäer neigen dazu, einerseits die Europäische Union Europa schlechthin gleichzusetzen und andererseits alles, was sie mögen, zu einem „europäischen Wert" zu erklären: Frieden, Freiheit und Wohlstand. Diese Sichtweise ist aus zweierlei Gründen falsch. Zum einen handelt es sich dabei nicht um europäische, sondern universelle Werte. Zum anderen relativiert die europäische Geschichte mit ihren Kriegen, ihrem Kolonialismus und ihrem Extremismus diese Selbsteinschätzung doch stark. Der Erfolg der EU hängt an einem seidenen Faden, der stets gepflegt werden muss.

Warum sind die EU-Europäer, die von jeher geradezu schicksalhaft zur Selbstgefälligkeit neigen, seit 1945 nicht mehr so kriegerisch wie früher? Die Antwort lautet: wegen ihrer rechtlichen Ordnung. Innenpolitisch sind sie jeweils rechtsstaatlich-demokratisch verfasst. Aber auch außenpolitisch ist es ihnen gelungen, ihrer Integration rechtsstaatlichen Charakter zu verleihen. Obwohl das bisherige Ergebnis der europäischen Integration vom Ziel einer europäischen Demokratie noch sehr weit entfernt ist, ist es immerhin zur Verrechtlichung der Beziehungen unter den EG- und später den EU-Staaten gekommen – ein in der Geschichte Europas nie da gewesener Erfolg. Vor allem dieser Verrechtlichung des internationalen Raumes der EU-Länder verdankt die Union ihre immer noch zerbrechliche Einheit in Vielfalt sowie – damit verbunden und nunmehr recht lange schon – Frieden, Freiheit und Wohlstand.

Zu Recht beeindruckt diese Realität der Europäischen Union die Welt stark. Auf besondere Weise strahlt sie auf die europäischen Staaten *in between*, heute vor allem die Ukraine, aus. Der ukrainische Wunsch nach der Assoziation mit der EU bedeutet aber, dass dieses Land der vom Rechtsnihilismus beseelten „russischen Welt" endgültig den Rücken kehren muss. Der Kreml versucht das zu verhindern, weil er eine auf Recht beruhende Ordnung in Gesamteuropa fürchtet.

Die Gefahr für Europa ist sehr groß, dass der Union die geistige Kraft fehlen könnte, die notwendig ist, um ihre in den vergangenen Krisen-Jahren ohnehin brüchiger denn je gewordene Einheit in Vielfalt zu bewahren. Wenn in Deutschland Stimmen wie jene Matthias Platzecks, des ehemaligen Vorsitzenden der ältesten deutschen politischen Partei laut werden, man müsse eine völkerrechtliche Lösung finden, die den russländischen Krim-Besitz zu sanktionieren hilft, dann ist das ein Zeichen dafür, dass sich hierzulande und in der EU ein selbstzerstörerischer Rechtsnihilismus breit machen kann, der jenem der *russkij mir* nicht nachstehen würde.

Die Erfahrung mit dem gegenwärtigen russischen Präsidenten spricht dagegen, dass er die Weisheit besitzen und – noch wichtiger – Spielräume haben könnte, in den Ukraine-Angelegenheiten einen qualitativen Politikwechsel einzuleiten. Dazu müsste er einen modus vivendi mit der Ukraine erzielen: Echter Waffenstillstand, russischer Truppenabzug aus der Ukraine und mittel- bis langfristig einwandfrei durchgeführte Referenden in den „Volksrepubliken" wie auf der Krim sind in diesem Zusammenhang zu nennen. Ein solcher Politikwechsel setzt allerdings eine behutsame Umdeutung der „russischen Welt" voraus, die zumindest ihren Anspruch auf die Ukraine endgültig aufgeben müsste. Die russische Anerkennung der selbstständigen ukrainischen Nation würde aber eine regelrechte Dekonstruktion der *russkij mir* in Gang setzen, weil die Vorstellung von der russländischen Ukraine für dieses Konstrukt unentbehrlich ist. Diese Dekonstruktion würde aller Voraussicht nach darüber hinaus auf die innenpolitischen Zusammenhänge übergreifen und den Ruf nach ökonomischen wie politischen Reformen aufkommen lassen. All das will und kann Putin nicht zulassen.

Weder von der EU noch von der Ukraine kann Russland schnell dazu gezwungen werden, völkerrechtskonform zu handeln. Deshalb muss die Europäische Union im Konflikt mit Russland standhaft bleiben und warten, bis es so weit ist.

Nachbarschaftshilfe

Mit dem Programm der Europäischen Nachbarschaftspolitik (ENP) beabsichtigte die EU keineswegs, die Länder *in between* (zu denen auch der Südkaukasus gerechnet werden kann) auf die Mitgliedschaft in der Union vorzubereiten, und sie bot dafür keine Anreize. Vielmehr ging es darum, mittels der so genannten Aktionspläne, die auf das jeweilige Land zugeschnitten wurden, die Entstehung einer neuen Wohlstands- und Sicherheitsgrenze in Europa infolge der EU-Erweiterung zu verhindern. Die ENP-Länder wie die Ukraine oder Georgien, die in den vergangenen Jahrzehnten mit Russland immer wieder in Konflikt geraten waren, hofften jedoch darüber hinaus, durch die Vertiefung und Intensivierung ihrer Zusammenarbeit mit der EU Russland zu einem berechenbaren Agieren zu bewegen. Die Union ihrerseits war sehr darum bemüht, durch ihr Engagement weder neue Konflikte mit Moskau zu schüren, noch in die bestehenden Konflikte zwischen dem Kreml und den ENP-Staaten einzugreifen.

Es waren der georgisch-russische Krieg vom August 2008 und – vor allem – die russischen Versuche, den mit Hilfe der EU ausgehandelten georgisch-russischen Friedensplan zu umgehen, die die Europäische Union dazu brachten, das Gefahrenpotenzial der imperialen Politik Russlands zu erkennen. Entsprechend stark musste sich die Union engagieren. Noch im April 2008 lehnte der deutsche Außenminister Steinmeier, der bekanntermaßen für gewöhnlich Verständnis für die Politik Putins aufbrachte, den

Vorschlag seines damaligen polnischen Kollegen Sikorski ab, die Europäische Nachbarschaftspolitik mit Anreizen zu verbinden, um die Europäische Union für die Teilnehmerländer attraktiver zu machen. Wie Frankreich war Deutschland damals noch sehr darum bemüht, nicht den Eindruck entstehen zu lassen, die post-sowjetischen Staaten würden in die Union gelockt. Berlin lag darüber hinaus daran, eine Mitgliedschaft der Ukraine in der NATO zu verhindern, ein Anliegen, für das sich die Bundesrepublik seit 2014 nicht mehr einsetzen muss, weil die Allianz keine Staaten aufnimmt, die in militärische Konflikte involviert sind.

Im Jahre 2009 wurde jedoch „dank" des Georgien-Kriegs der inzwischen polnisch-schwedische Vorschlag einer Östlichen Partnerschaft (ÖP) der EU (die parallel zu der mit den Ländern des Mittelmeerraumes geschlossenen Mittelmeerpartnerschaft zu entwickeln wäre) auch von Deutschland und Frankreich akzeptiert. Als Anreize wurden den Ländern, an die die Einladung zur Partnerschaft gerichtet war (das waren Armenien, Aserbaidschan, Georgien, der Ukraine, Moldawien und Belarus), Visa-Erleichterungen in Aussicht gestellt, mit der Perspektive des visafreien Verkehrs und eines Assoziierungs- und Freihandelsabkommen.

Trotz der Belebung der Ostpolitik der Union attestierten Experten sowohl der Europäischen Nachbarschaftspolitik als auch der Östlichen Partnerschaft bis ins Jahr 2013 hinein immer wieder fehlende konzeptionelle Präzision und mangelnde Effizienz. Es musste erneut zum russischen Eingriff kommen, diesmal in der Ukraine, damit die EU zu einem stärkeren und entschlosseneren Engagement bewegt werden konnte. Obwohl die Vertreter der Union auch nach der russischen Aggression immer noch wie der Teufel das Weihwasser Aussagen meiden, die als ein Eingeständnis interpretiert werden könnte, die Ukraine würde der EU irgendwann dann doch beitreten dürfen, erscheint mittlerweile diese Beitrittsperspektive so unrealistisch nicht mehr. Die Parteinahme der EU für den Angegriffenen bringt diesen nämlich den Medien, Politikern und Durchschnittsbürgern des Westens näher, selbst wenn er für sie doch ein Unbekannter bleibt. An dieser fortschreitenden Öffnung Westeuropas gegenüber dem europäischen Osten ändert die Tatsache nichts, dass weder die Europäische Nachbarschaftspolitik noch die Östliche Partnerschaft die EU-Mitgliedschaft der eingebundenen Länder vorsehen. Vor diesem Hintergrund erscheint die Kritik nicht so dramatisch, die wegen des alles in allem immer noch zurückhaltenden Engagements der EU und der EU-Länder für die Ukraine immer wieder zu hören ist.

Bei aller Berechtigung dieser Kritik entscheiden letztlich allein die Anstrengungen der Ukrainer selbst über die westeuropäische Zukunft ihres Landes. Wenn die Ergebnisse ihrer Reformen sichtbar werden und sie sich tatsächlich von der russischen Welt entfernen, wird die Union gewiss in der Pflicht sein. Die Ukrainer verstehen und fühlen inzwischen, dass alle sie und die Union verbindenden Aktivitäten – ukrainische Beteiligung an EU-Programmen, Kontakte und Zusammenarbeit der Ukraine mit den Unionsstaaten und zwischengesellschaftliche Kooperation – objektiv ihrer Zielsetzung dienen, irgendwann der EU beizutreten.

Zwar hätte die Union auf all diesen Gebieten mehr leisten können. Es darf aber trotzdem nicht übersehen werden, dass sie bereits recht viel geleistet hat. Nur binnen eines einzigen Jahres – von Mitte 2014 bis Mitte 2015 – sind aus Unionskassen gut 2,5 Milliarden Euro in die Ukraine geflossen, um dem Land bei der Stabilisierung seiner Staatsfinanzen zu helfen. Alleine im Jahre 2014 bewilligte die EU darüber hinaus 365 Millionen Euro für dringende Staatsausgaben, Korruptionsbekämpfung, Effizienzsteigerung der Verwaltung, bessere Gesetzgebung und Justizreformen. Kleinere Beträge aus den Töpfen der Union und ihrer Mitgliedstaaten sind für Zwecke wie Sicherheit, Verteidigung, Arbeit der OSZE oder auch humanitäre Hilfe ausgegeben worden. Obwohl nicht so kostspielig, sind diese Projekte von nachhaltiger Bedeutung. Wie etwa das Erasmus-Programm für die ukrainischen Studenten: 4000 junge Ukrainer studieren in der Europäischen Union, mehr als 7000 nehmen zudem an verschiedenen Projekten und Austauschmaßnahmen teil.

Bereits im Frühling 2014, als die Flucht von Janukowytsch und dann der russische Angriff die Ukraine erschütterten, wurde die EU ungewöhnlich schnell und großzügig ihrer gesamteuropäischen Verantwortung gerecht: Sie sicherte dem überfallenen Land insgesamt elf Milliarden Euro an Finanzhilfen zu. Diese Summe dürfte im Laufe der folgenden Jahre noch steigen. In Brüssel spricht man hinter vorgehaltener Hand von einem Finanzbedarf von mindestens 30 Milliarden Euro, den die Ukraine im Jahre 2014 angemeldet habe. In diesem Zusammenhang sei daran erinnert, dass Wladimir Putin dem krisenerschütterten Land im Dezember 2013 ca. 16 Milliarden Dollar Kredite zusagte (davon wurden drei Milliarden gleich überwiesen). Es ist kaum vorstellbar, dass Russland selbst ohne die tiefe Wirtschaftskrise, in die es von seinem Präsidenten geführt wurde, jemals imstande wäre, seinem westlichen Nachbarland so stark wie die EU unter die Arme zu greifen. Aber wesentlich wichtiger als die Gelder selbst sind die Ziele, für die sie eingesetzt werden sollen. Putin wollte zahlen, um die kulturell und politisch in der russischen Welt verankerte korrupte ukrainische Politik und Gesellschaft zu konservieren. Die EU zahlt dagegen, um diesen korrupt-kriminellen Status quo durch Rechtsstaat, Demokratie und Marktwirtschaft zu ersetzen.

Die ab 2007 geführten Verhandlungen zwischen der Europäischen Union und der Ukraine brachten ein Assoziierungsabkommen zustande, das Janukowytsch auf russischen Druck hin im November 2013 verwarf. Inzwischen stellen die Fortschritte bei der Umsetzung dieses Abkommens das Vehikel für eine westeuropäische Zukunft der Ukraine dar. Noch am 21. März 2014, also während der russischen Militäroffensive, wurde „trotzig" der erste Teil des Abkommens, in dem Fragen der Politik und Sicherheit behandelt werden, unterzeichnet. Obwohl die EU auf den russischen Völkerrechtsbruch nur verhaltene Sanktionen folgen ließ und sich deshalb nicht gerade mit Ruhm bekleckerte, sandte sie mit der Unterzeichnungszeremonie doch das wichtige Signal: Sie steht zur Ukraine.

Komplizierter verhielt es sich mit dem zweiten Teil des Abkommens, in dem das Regelwerk für die Freihandelszone entworfen wurde. Die Unterzeichnung fand erst am 27. Juni 2014 statt. Denn Moskau präparierte Hiobsnachrichten über die angeblich verheerenden Folgen des Freihandelsabkommens für die ukrainische Wirtschaft, der es angeblich Verluste in Höhe von 20 Milliarden Euro pro Jahr bescheren sollte. Auch die russische Wirtschaft wäre demnach durch das Abkommen negativ betroffen, weil das den EU-Produkten nicht nur Tür und Tor für den ukrainischen, sondern auch für den russischen Markt öffnen würde, der sich gegen die ukrainischen Waren nicht mit Einfuhrzöllen wehren würde. Man hat sich deshalb dazu entschieden, die Errichtung der Freihandelszone auf das Jahr 2016 zu verlegen. In der Zwischenzeit sollte Russland Anpassungsmaßnahmen vornehmen. Die ukrainischen Unternehmen, denen der EU-Markt gleich nach der Ratifizierung des Abkommens geöffnet wurde, haben mit der zeitlichen Verschiebung eine Atempause erhalten, um sich auf die Konkurrenz durch die Warenflut aus der EU vorzubereiten. Im Dezember 2015 belegte Russland die ukrainischen Produkte mit Einfuhrzöllen. Erst die Praxis des Jahres 2016 wird zeigen, ob die Ukraine dem neuen Wettbewerbsdruck aus der EU wird standhalten können.

Trotz aller ökonomischen Unsicherheiten, die die ukrainische „EU-Integration ohne EU-Beitritt" mit sich bringt: Richtig bedrohlich ist für die ökonomische Entwicklung des Landes die Doppelzüngigkeit der nationalen Eliten in der EU, die zwar Europa predigen, aber in der Realität kleinkariert dem Prinzip des nationalen Egoismus huldigen. Das monatelange Zögern Frankreichs, auf den Verkauf der Hubschrauberträger „Mistral" an Russland zu verzichten, ist für diese Haltung symptomatisch. Eine noch größere Gefahr für die Ukraine stellt allerdings der von der deutschen Bundesregierung offensiv verfolgte Bau der neuen Gaspipeline dar, die durch die Ostsee gezogen werden soll: Nord-Stream 2. Sie würde nicht nur Deutschland von Lieferungen seitens des in diesem Jahrhundert politisch absolut unzuverlässigen Gas-Lieferanten abhängig machen, indem sie den russischen Anteil an dem in der Bundesrepublik verbrauchten Erdgas von 30 Prozent auf 60 Prozent steigen ließe. Sie würde nicht nur die in den letzten Jahren viel beschworene Energiesicherheit der EU auf dreiste Art und Weise unterminieren. Vielmehr würde sie die Ukraine als Transitland für das aus Mittelasien von Russland transportierte Gas eliminieren und so dessen Position in den absehbaren politischen Auseinandersetzungen mit Russland schwächen. Zusätzlich würde die Verlagerung der Gastransporte auf die Ostseeroute für die Ukraine den Verlust von jährlich 1,8

Milliarden Euro an Transitgebühren bedeuten und somit eine beträchtliche Schwächung der Volkswirtschaft. Das von Angela Merkel unterstützte, erstaunlich eifrige Engagement von Wirtschaftsminister Sigmar Gabriel in Sachen Nord-Stream 2, der im Oktober 2015 im Gespräch mit Putin vorgeschlagen hat, die vertraglichen Grundlagen des Projekts ausschließlich unter Zugriff auf das jeweilige Nationalrecht zu legen, damit ihm das EU-Recht nicht im Wege steht, ist aus den genannten Gründen ebenso egoistisch und antieuropäisch wie die Rhetorik der Bundesregierung gleichzeitig auf europäische Solidarität abzielt.

Ukraine, Russland, EU

Die „ukrainische Ambivalenz" ist historisch gewachsen: Riesige Territorien östlich und westlich des Dnjepr waren nach dem Untergang der Kiewer Rus' zunächst der Mongolenherrschaft unterworfen, um anschließend für Jahrhunderte ein Teil Litauens und Polens und – später – Moskaus, Russlands und dann der Sowjetunion zu werden. Die Polen brachten in die von ihnen „Ukraina" genannten Länder den Einfluss der westlichen Welt mit. Deren Spuren haben Sankt Petersburg und Moskau mit außergewöhnlicher Brutalität zu tilgen versucht, um Platz für die *russkij mir* zu machen.

Nach dem Zusammenbruch des Kommunismus zeigte es sich, dass die nun unabhängige Ukraine nicht ewig ihre im ersten Jahrzehnt der staatlichen Unabhängigkeit „entschieden" verfolgte Politik der außenpolitischen Unentschiedenheit zwischen Russland und dem Westen („Multi-Vektoren-Politik") betreiben konnte. Erkannt haben das zuerst die Angehörigen der dünnen bürgerlichen Schicht der ukrainischen Gesellschaft, die sich nach der sozialen Gleichschaltung des Kommunismus in den neunziger Jahren herausbilden konnte. Den Bürgerlichen in der Ukraine wurde klar, dass ihr Land vor einer dramatischen Wahl steht: entweder ein korruptes Regime des Kumpel-Kapitalismus russischer Prägung und die Integration in die russisch geführte Zollunion (später Eurasische Union) oder ein Rechtsstaat und eine moderne Volkswirtschaft samt EU-Integration.

Die national bewussten Bürger bekannten sich zur westlichen Welt und machten so ihr Land zu einem geopolitischen Dreh- und Angelpunkt Europas, in dem die Interessenkonflikte der den Kontinent bestimmenden politischen Kräfte gleichsam gebündelt werden. Diese Funktion hatte bis in die Jahre 1989–1991 (und wahrscheinlich sogar bis zur Jahrhundertwende) Polen inne. Der westliche Nachbar der Ukraine entkam jedoch dieser zugleich faszinierenden und undankbaren Stellung im politischen Spiel der Mächte durch Flucht in die westliche Welt, indem es seine fünf Minuten Weltgeschichte während und nach dem Zerfall der Sowjetunion dazu nutzte, sich erfolgreich zu ändern und der NATO (1999) sowie der EU (2004) beizutreten. Nicht zufällig ist die Ukraine nach Jahrzehnten der kommunistischen Barbarei dabei, ihre auch durch die gemeinsame Geschichte mit Polen vermittelten europäischen Wurzeln neu zu entdecken und die polnische „Flucht in den Westen" nachzuahmen.

Die ukrainische Zivilgesellschaft ist zwar wie in allen postsowjetischen Ländern immer noch rachitisch. Das verwundert nicht, weil es in der *russkij mir* von jeher sowohl für Menschen, die selbstbestimmt ihr Leben führen, als auch für freie gesellschaftliche Assoziationen kaum Platz gibt. Ausgerechnet dieser Zustand macht aber die außergewöhnliche Bedeutung dieser Menschen und ihrer Vereine aus. In der Moderne der russischen Welt war es jedenfalls immer so, dass kleine Gruppen von politisch Bewussten und Aktiven die aus ihrer Sicht günstigen historischen Momente – Krisen, Kriege, Unzufriedenheit der Bevölkerung – zum Sturz des despotisch-imperialen Regimes zu nutzen versuchten.

Sobald die junge ukrainische Bürgerschicht während der Krisen der Jahre 2004 und 2013/2014 politisch aktiv wurde, konnte sie die Geschicke ihres Landes auf Anhieb entscheidend bestimmen. Dabei konnten die Bürger von der Zusammenarbeit mit einigen Oligarchen, die einer winzig kleinen, bloß einige Dutzend Menschen zählenden, aber ökonomisch und politisch mächtigsten Gruppe der ukrainischen Gesellschaft angehören, profitieren. Diese Oligarchen wiederum suchten in der bürgerlichen Gesellschaft Verbündete, weil sie mit der korrupten und teilweise kriminellen politischen Führung keine Allianzen schließen konnten. Denn die wurde zum passenden Zeitpunkt von konkurrierenden Oligarchen vereinnahmt.

Durch ihre prowestliche Politik und das Bekenntnis zu ihren westlichen Traditionen wurde die ukrainische Zivilgesellschaft zum Vorposten der westlichen Welt in den europäischen Ländern *in between*. Die Oligarchen gehören dagegen der russischen Welt an, selbst wenn sie aus dem Westen der Ukraine stammen und Ukrainisch sprechen. Sie wollen nämlich im Gegensatz zu den national gesinnten Bürgerlichen, die eine Verwestlichung ihres Vaterlandes anstreben, ihre privilegierte Position in Wirtschaft, Gesellschaft und Politik beibehalten. Auch vergessen sie nicht, dass sie ihren meistens in den neunziger Jahren erworbenen Reichtum größtenteils ihren sowjetischen oder russischen Verbindungen verdanken (Julia Tymoschenko steht exemplarisch für diesen Weg). Insofern kann die Allianz der Bürgerlichen mit den Oligarchen nur dann der westlichen Transformation der Ukraine dienlich sein, wenn die Erstgenannten reicher und die Letztgenannten bürgerlicher werden. Der russische Angriff erscheint in diesem Zusammenhang wie ein Segen. Einerseits schweißt er Oligarchen und Bürgerliche auf einer nationalen Basis zusammen, weil beide ihren Staat nicht verlieren wollen. Hinzu kommt, dass die bis dato national oft indifferenten, stark sowjetisierten Volksmassen für den ukrainischen Souverän mobilisiert und damit „ukrainisiert“ werden. Andererseits bringt die russische Aggression den Westen als Begleiter und Förderer der ukrainischen Systemtransformation ins Spiel, die den staatlichen und gesellschaftlichen Ordnungsrahmen des Landes auf westliche Art neu gestalten soll.

Bis 2014 beherrschten die ukrainischen Oligarchen ihr Land ähnlich ungeniert wie es die russischen Neureichen im Russland Jelzins taten. Unter Putin erkennen die russischen Oligarchen im Gegensatz zu ihren ukrainischen Kollegen brav das Primat der Politik an. Deshalb kennt der russländische Autoritarismus ungleich weniger Wettbewerb und weniger Freiheit als der ukrainische: Anders als in der Ukraine weiß man in Russland im voraus

Bescheid darüber, wer die anstehenden Wahlen gewinnen wird (ungewiss ist lediglich das offizielle „Wahlergebnis", das von den Gewinnern festgelegt wird). Ausgerechnet vor der Unberechenbarkeit der politischen Entwicklung haben Putin und seine Kamarilla eine geradezu panische Angst. Sie eröffnet nämlich politische Räume für prowestliche Entwicklungen, wodurch Despotie und Imperium untergraben werden könnten.

Trotzdem ist das gewaltsame ukrainische Abenteuer Putins, das die russische Welt festigen sollte, ein Fehler von historischer Tragweite. Russland ist nämlich zu schwach, um aus dem von ihm entfachten hybriden Krieg, der nicht nur die Ukraine und die westliche Welt gegen sie aufbrachte, als Sieger hervorzugehen. Ohne einen großen Krieg gegebenenfalls mit dem Einsatz von Atomwaffen zeigt sich der Kreml bloß dazu imstande, den Konflikt im Osten der Ukraine auf einem relativ kleinen Territorium „einzufrieren". Damit hofft er, den prowestlichen Wandel der Ukraine zu verhindern. Er erreicht aber genau das Gegenteil. Putin, der mehr oder weniger verklausuliert den Anspruch auf den Wiederaufbau des russisch-sowjetischen Imperiums erhebt, schafft es so lediglich, den Zerfall von dessen Überbleibseln zu beschleunigen.

Damit führt der russische Präsident sein Land ungewollt in eine möglicherweise bessere Zukunft. Zwecks Mobilisierung der Russländer für den Kampf gegen die Ukraine erzeugt er eine Kriegsstimmung. Die meisten Russländer glauben mittlerweile fest daran, sie würden sich gegen einen Angriff der vom Westen unterstützten „ukrainischen Faschisten" verteidigen. Da es jedoch diesen Angriff niemals gab, kann er nicht abgewehrt werden. Es ist dagegen durchaus möglich, dass der souveräne ukrainische Staat den ihm aufgezwungenen Krieg gestärkt überstehen wird, was die imperiale Identität der Russländer erschüttern müsste. So wäre nicht auszuschließen, dass sich diese Identität künftig auf die Vorstellung eines Russlands mit festen Grenzen, das sich um das Wohl seiner Bürger kümmert, reduzieren ließe. Ob es infolge der Putin'schen Politik dazu tatsächlich kommt, ist heute selbstverständlich ungewiss, zumal die Option des Zerfalls der Russländischen Föderation nicht ohne weiteres vom Tisch gewischt werden kann. Im Westen glaubte man doch bereits zum Ende des

Kommunismus, dass das territorial größte Land der Welt den Abschied vom Imperium bereits vollzogen hätte! So oder so steht außer Frage, dass Russland ohne die Ukraine nicht nur für die Ukrainer ein besseres Land, sondern auch für die Europäische Union berechenbarer wäre.

Weder die EU noch irgendein Staat der Union ist imstande, auf die innere Entwicklung Russlands einen Einfluss auszuüben, der wenn auch nur ansatzweise mit jenem der Ukraine vergleichbar wäre. Indem die EU zur Ukraine (und in der Zukunft zur Unabhängigkeit von Belarus) steht, wird sie zum Geburtshelfer eines künftigen, vielleicht besseren Russlands. Obwohl es das erst nach Putin geben kann, ist es für die Westeuropäer wichtig, darauf vorbereitet zu sein.

Wenn die Ukraine im Einklang mit dem Völkerrecht ihre Unabhängigkeit und territoriale Integrität verteidigt, dann kämpft sie nicht nur für die Prinzipien, zu denen sich die EU lautstark bekennt. Sie kämpft auch für tragfähige Grundlagen besserer Beziehungen zwischen Russland und der Union. Die EU wird unterminiert, wenn ihre oft gewissenlosen, opportunistischen und nationalistischen Eliten diese europäische Bedeutung der Ukraine-Krise nicht erkennen. Alleine schon deshalb verdienen die Ukrainer den großzügigen Beistand der EU: Hilfe bei Reformen und Waffen und durch Sanktionen gegen Russland, die so lange andauern müssen, solange der Kreml mit völkerrechtswidrigen Mitteln gegen die Ukraine vorgeht.

Der Beistand der EU darf freilich insofern nicht vorbehaltlos sein, als den folgenden Umständen beziehungsweise Zielen stets Aufmerksamkeit gezollt werden muss.

Erstens: Der neue Dreh- und Angelpunkt der europäischen Ostpolitik ist ein nach wie vor stark sowjetisiertes Land. Auch im ukrainisch-sprachigen Westen ist die Ukraine immer noch sehr eng mit der russischen Welt verbunden: durch autoritäre Herrschaftsstrukturen, Korruption, Passivität der Bevölkerung, Hypokrisie der Eliten. Nichts wünschen sich die Letztgenannten mehr, als im Westen für Westler gehalten zu werden, während sie weiterhin ungehindert ihren Geschäften auf die „östliche Art“ nachgehen. Es ist deshalb der Entwicklung des Landes nicht bekömmlich, wenn seine wichtigsten Exekutivämter von Oligarchen ausgeübt werden. Die Entwicklung in Moldawien, wo im Jahre 2015 prominente Vertreter der angeblich „europäisch agierenden" Eliten mit ihrer Gier und Korruption das Land in die Hände der prorussischen Politiker getrieben haben, muss hier als Mahnung gelten. Auf den Punkt gebracht: Großzügige Hilfe für die Ukraine ist gut, aber die Zahlungen müssen von der EU penibel kontrolliert werden.

Zweitens: Die Union darf nicht bloß zusehen, wenn in der Ukraine der Bandera-Kult blüht und totalitäre Traditionen gepflegt werden. Denn damit ist die reale Gefahr verbunden, dass ausschließlich der antirussische Reflex zum brüchigen Fundament der künftigen ukrainischen Demokratie wird.

Drittens: Die Ukraine-Krise (zusammen mit der europäischen Flüchtlingskrise) muss zum Anlass genommen werden, die EU zu europäisieren. Gerade auf dem Feld der Ostpolitik muss der Doppelzüngigkeit der Unionseliten institutionell ein Ende gesetzt werden, indem die EU durch die Schaffung eines vom Europäischen Rat unabhängigen Außenministeramtes zum zentralen Spieler in der Ukraine-Krise werden kann. Aktuell bieten sich besondere Chancen dafür, weil die europäische Führungsrolle Deutschlands immer weniger akzeptiert wird, während die gesamteuropäischen Herausforderungen ohne eine handlungsfähige Führung nicht bewältigt werden können. Deutsche Eliten tun sich übrigens erstaunlich schwer damit, sich einzugestehen, dass für Deutschland seine Führungsrolle ausschließlich zu einer Bürde geworden ist, weil in der Union das Vertrauen in die europäische Motivation des deutschen Handelns schwindet. Mit dem Projekt des Nord-Stream 2, das sogar vom traditionell prorussischen Italien heftig kritisiert wird, ist die Grenze der Heuchelei überschritten. Gehörte Deutschland nicht zu den EU-Staaten, die den Bau der South-Stream-Pipeline, die nicht zuletzt Italien mit Gas aus Russland versorgen sollte, unter Hinweis auf die Notwendigkeit mit verhinderten, man müsse eine europäische Energiepolitik betreiben?

Viertens: Die westeuropäische Öffentlichkeit muss für die gesamteuropäische Bedeutung der Ukraine-Krise sensibilisiert werden. Sie darf nicht länger die Augen vor den ständigen Verletzungen der Menschenrechte durch Russland verschließen. In diesem Zusammenhang spielen die Lage der Millionen Donbass-Flüchtlinge und das im Westen schändlich ausgeblendete Drama der massiven Verfolgung des moslemischen Krimtataren-Volkes durch die russischen Behörden die wichtigste Rolle. Während über das Schicksal der Flüchtlinge manchmal noch berichtet wird, wird die Tragödie der Tataren übersehen. Die Gesellschaft für Bedrohte Völker spricht von Morden, Verschleppungen, Verhaftungen, willkürliche Durchsuchungen, Verstößen gegen Meinungs-, Presse- und Religionsfreiheit im Zusammenhang mit dem russischen Vorgehen gegen die Krimtataren. Erst wenn das zu einem politischen Problem der Europäischen Union erhoben wird, wird man sagen können, dass die westeuropäische Öffentlichkeit ihren eigenen Ansprüchen gerecht wird. Davon ist sie aktuell sehr weit entfernt.

Fünftens: Die EU muss einen Friedensplan für den nicht erklärten russisch-ukrainischen Krieg parat haben. Das so genannte Minsk 2-Abkommen vom Februar 2015 reicht in diesem Kontext überhaupt nicht aus, weil es weder die Krim einbezieht noch die Ursachen des Konflikts angeht. In einem Friedensplan müssen Bedingungen festgelegt werden, unter denen völkerrechtlich verbindliche Abstimmungen über die Zukunft der augenblicklich direkt oder indirekt von Russland okkupierten Gebiete abgehalten werden können. Ein solcher Plan wird möglicherweise erst in Jahrzehnten Anwendung finden. Es ist aber nicht auszuschließen, dass sich Putin doch schneller von der Macht wird verabschieden müssen.

ISBN 978-3-940524-49-2

Umschlaggestaltung: Gisela Kirschberg, Berlin
Satz und Gestaltung: Gisela Kirschberg, Berlin
Druck: GGP Media GmbH, Pößneck

Gesetzt aus der Minion und Frutiger